Oliver Kuhnt

Selbstoptimierung im Coaching

Wie können Coaching-Prozesse die Autonomie und Selbstverantwortung fördern?

Bibliografische Information der Deutschen Nationalbibliothek:

Die Deutsche Nationalbibliothek verzeichnet diese Publikation in der Deutschen Nationalbibliografie; detaillierte bibliografische Daten sind im Internet über http://dnb.d-nb.de abrufbar.

Impressum:

Copyright © Social Plus 2020

Ein Imprint der GRIN Publishing GmbH, München

Druck und Bindung: Books on Demand GmbH, Norderstedt, Germany

Covergestaltung: GRIN Publishing GmbH

Inhaltsverzeichnis

1 Einleitung 1

2 Die Sorge um sich selbst 3

   2.1 Suche nach der Wahrheit 5

3 Die „therapeutische Kultur" 7

   3.1 Der Aufstieg der Psychoanalyse 8

   3.2 Die Vermischung von Populärkultur und Psychologie 10

   3.3 Selbsthilfe und Humanistische Psychologie 12

4 Der Wandel zur „Optimierungskultur" 15

   4.1 Der Kapitalismus als eine der Triebfedern für Selbstoptimierung 18

5 Subjektivierung in der „Optimierungskultur" 20

   5.1 Subjektivierung und Gouvernementalität 20

   5.2 Das „auteronome" Subjekt in der Kultur der Optimierung 22

6 Selbstoptimierung als Oberbegriff 27

   6.1 Beispielpraxis zur Selbstoptimierung: Neuroenhancement 29

   6.2 Fazit zum Begriff der Selbstoptimierung 30

7 Coaching als Selbstoptimierungs- Praxis 31

   7.1 Selbstverständnis der Coaching- Praxis anhand verschiedenen Quellen ... 32

   7.2 Coaching- Markt und Abgrenzung zur Therapie 36

   7.3 Fazit: Betrachtung der Coaching- Praxis als Selbstoptimierung 39

8 Das „auteronome" Subjekt im Coaching 41

   8.1 Anleitungsbeispiel Nr. 1 aus der Coaching- Praxis: „Zukunftsentwürfe" ... 42

   8.2 Anleitungsbeispiel Nr. 2: Das „eigentliche" Thema finden 47

   8.3 Fazit: Untersuchte Praxisbeispiele aus dem Coaching 50

9 Technische Entwicklungen im Bereich Coaching und Selbstoptimierung 53

   9.1 Der „Taschen- Coach" 53

10 Abschließendes Fazit der vorliegenden Arbeit 56

Literaturverzeichnis 58

1 Einleitung

Die Sorge um sich selbst treibt den Menschen schon seit tausenden von Jahren um und hat historisch gesehen einige Wandlungen und Ausprägungen hinter sich. Obwohl die Methoden oder unterstützende Techniken sich gewandelt haben, so betrifft dieser Wandel weniger die Motivation der Menschen, der Sorge um das eigene Selbst nachzugehen und einen hohen Stellenwert in ihrem Leben einzuräumen. Die Motive in der Antike wie heute im 21. Jahrhundert, sind vom Grundgedanken ähnlich und immer wird ein optimierter Zustand körperlichen oder seelischen Wohlbefindens angestrebt. Natürlich verbunden mit spezielleren Zielen und Verbindungen zu Begriffen wie Erfolg, Gesundheit, Leistungsfähigkeit oder Glück. Der Schritt von der Sorge um das eigene Selbst, hin zur grenzenlosen Formbarkeit und Optimierung ist die Folge eines historisch gewachsenen und kulturellen Wandels. Diese Entwicklung soll einleitend in dieser Arbeit thematisiert werden und wird von den Lehren der Philosophen der Antike bis hin zur Entwicklung der Humanistischen Psychologie im 20. Jahrhundert reichen. Der Übergang zu einer ständigen Thematisierung des Selbst und seiner Wünsche, Bedürfnisse, sowie Probleme brachte neue Akteure und handelnde Subjekte zum Vorschein, die von einem Verlangen nach Autonomie und Selbstverwirklichung getrieben waren. Trotz eines ausgeprägten Verlangens nach einem gewandelten Autonomie Verständnis und der Lossagung von anderen, stehen die Subjekte in den modernen „Optimierungskulturen" in paradoxen Abhängigkeitsstrukturen. Diese binden die Subjekte an mobilisierende Anleitungen zur Optimierung in den unterschiedlichsten Bereichen, die aus verschiedensten Personengruppen wie Berater*innen, Psychologen, Therapeuten und anderen Optimierungsdienstleistern bestehen. Dieser Kontext bildet den Hauptteil der vorliegenden Arbeit und thematisiert die in der „Optimierungskultur" subjektivierten „auteronomen" Subjekte als spezifische Form dieser Kultur und behandelt besonders die an diese Subjekte herangetragenen Forderungen nach Autonomie und Selbstverantwortung im Kontext von Coaching- Prozessen. Diese bilden einen handlungsanleitenden Rahmen für die sich selbst optimierenden Subjekte, wobei die Frage gestellt wird, ob diese sich wirklich selbst optimieren im Sinne einer vollkommen unabhängigen Handlung, oder ob ein Coach als Berater*in hier entscheidenden Einfluss ausübt, der mit den Zielen und Methoden im Coaching zu tun hat. Selbstoptimierung und Coaching sind hierbei als Prozesse zu verstehen, die immer subjektiv geprägt sind und hierfür festgelegte Definitionen schwer zu fassen sind, dennoch wird ein Versuch unternommen, diese Begriffe in Verbindung zu bringen und für den Verlauf der Arbeit zu definieren. Obgleich

Selbstoptimierung und besonders einzelne Techniken und Methoden hierzu, bereits maßgeblich in den Sozial- und Geisteswissenschaften untersucht worden sind, bietet der spezielle Bereich des Coachings hier noch interessante Ansätze. Dabei geht es nicht um eine Nachzeichnung einer Geschichte des Coachings, sondern um eine Betrachtung der Handlungsanleitungen im Coaching und das Beziehungsgeflecht zwischen dem sich optimierenden Subjekt und eine(n) (professionellen) Berater*in. Anhand von Handbüchern und Anleitungen für angehende Berater*innen und Coaches, sollen Strukturen und Forderungen aufgedeckt werden, die das „auteronome" Subjekt befördern und mit erhalten im Kontext des Coaching- Prozesses. Dafür werden besonders die Selbstverständnisse der Coaches und ihrer Techniken untersucht, die darauf analysiert werden welche Stellung das Subjekt im Coaching einnehmen soll und welche Funktion der Coach hierbei erfüllt. Die Begrifflichkeiten des Coaches oder der Berater*innen sind für die Arbeit als synonym anzuerkennen, obgleich dies keine bindende Funktion außerhalb des Kontextes der vorliegenden Untersuchung hat. Aufgrund der oftmals fehlenden gesetzlichen Regelungen auf dem Gebiet der Beratungsdienstleistungen gibt es eine ganze Ansammlung von Begriffen die zwar vom Wortlaut unterscheiden sich jedoch auf dem gleichen Feld bewegen. Ein Coach kann aber muss sich nicht gleichzeitig als Berater*in verstehen und andersherum. Die Pluralität an Bezeichnungen ist so vielfältig wie die Anwendungsgebiete im Life-, Personal- und Business- Coaching. Das gleiche gilt für die beruflichen und biographischen Hintergründe der Coaches, die nachfolgend nicht detailliert berücksichtigt werden konnten, obgleich diese sicherlich interessant und untersuchungswürdig sind. Jeder ist befähigt sich in Deutschland als Coach zu bezeichnen, was dieses Feld der Optimierungsdienstleistung sicherlich hervorhebt, aber auch als schwer zugänglich erscheinen lässt für wissenschaftliche Betrachtungen. Die vorliegende Arbeit stellt somit einen von vielen möglichen Bezügen, zu dem Themenfeld des Coachings verbunden mit Selbstoptimierung von Subjekten, her und erhebt lediglich den Anspruch einen Aspekt genauer analysiert zu haben, der jedoch wichtig ist um ein kritisch, reflektiertes Verhältnis zu Methoden und Anleitungen des Coachings, aber auch zu anderen Selbstoptimierungsanleitungen zu erhalten.

2 Die Sorge um sich selbst

Aus einer historischen Perspektive betrachtet stand das Selbst schon früh unter besonderer Aufmerksamkeit. In der Spätantike wurde unter der griechischen Bezeichnung epimelesthai sautou, die Sorge um sich selbst verstanden und hiermit eine der zentralen Grundsätze der griechischen Polis ausgedrückt. Hiermit sollte Foucault zufolge das Soziale, also das gesellschaftliche, sowie die persönliche, angemessene Verhaltensweise sichergestellt werden. Zusammen mit der Maxime „erkenne dich selbst" des delphischen Orakels, galt die Sorge um sich selbst als gelebte Praxis und nicht nur als theoretische Vorschrift.[1] Ihr galt etwas ernsteres zuzukommen als nur bloße Aufmerksamkeit, so formuliert es Sokrates in dem von Platon verfassten Dialog des Alkibiades I. Ähnlich wie ein Bauer sich um seine Felder und das Vieh kümmern muss, oder ein König für seine Stadt und deren Bürger sorgt, so wird auch die Sorge um sich selbst als Notwendigkeit betrachtet.[2] Im Alkibiades I. wird durch den Dialog mit Sokrates deutlich, dass das Selbst als ein Prinzip der Seele anerkannt wird. Somit wäre es keine Sorge um sich selbst, wenn man nur Sorge um seinen Körper trägt, resümiert Foucault. Die Seele stehe bei der Sorge um sich selbst im Vordergrund und genauer gesagt die Aktivität der Seele.[3] Als Beispiel einer konkreten Aktivität, der Sorge um sich selbst und damit der Seele, galt das Schreiben. So machte man Aufzeichnungen über sich selbst (zum Beispiel über Stimmungen, Aktivitäten) die man zu einem späteren Zeitpunkt nochmals lesen konnte, oder man schrieb Briefe an Freunde, in denen man seine Befindlichkeiten darlegte.

Dies verdeutlicht also die praktische Natur der Sorge um sich selbst, sie sei nicht als „[...] abstrakter Ratschlag[...]" zu verstehen, sondern gehe mit Verpflichtungen und Aufgaben gegenüber der Seele einher.[4] Zu der Zeit von Platon und Sokrates, ist die Sorge um sich selbst noch weitestgehend als Notwendigkeit für ein politisches Leben zu verstehen, jedoch verändert sich dieses Verständnis weitestgehend. In der hellenistischen Periode und in der Kaiserzeit wird die Sorge um sich selbst zunehmend zu einer universellen Maxime. Es entstehe eine eigenständige Lebensform, die eine lebenslange Beschäftigung mit sich selbst vorsah.[5] So bekäme auch

---

[1] (Foucault, 1993, S. 28)

[2] (Foucault, 1993, S. 34)

[3] (Foucault, 1993, S. 35)

[4] (Foucault, 1993, S. 37)

[5] (Foucault, 1993, S. 41)

die eigene gesundheitliche Fürsorge einen höheren Stellenwert und man solle sein eigener Arzt werden.[6] Aber nicht nur der Umfang der Sorge um sich selbst veränderte sich, sondern auch die Art und Weise der Sorge um die Seele. Im Alkibiades I. findet sich die Seele in einem Spiegelverhältnis zu sich selbst wieder, der Dialog sei hier also die Methode zur Selbsterkenntnis. Doch zunehmend veränderte sich auch diese Methode, was besonders auf die philosophischen Traditionen der Stoa zurückzuführen sei, wobei der Zugang zu Wahrheit und Selbsterkenntnis, durch aufmerksames Zuhören erreicht werden sollte.[7] Es galt also nun die Kunst des richtigen Zuhörens und des Nachdenkens, über das Gesagte eines Meisters oder Lehrers. Doch stünde man nicht unter der Kontrolle eines Lehrers, sondern hatte stets auch seinem eigenen logos zu gebrauchen, was den Gebrauch der eigenen Stimme der Vernunft bedeutete.[8] Demnach war es dem Selbst aufgetragen aufmerksam zuzuhören, ohne Fragen zu stellen und dies zu reflektieren, sowie vernünftig zu prüfen. Es herrsche hier nach Foucault eine Verbindung der Technologie der Beherrschung, durch das auferlegte Zuhören ohne nachzufragen und der Technologie des Selbst, dem reflektieren des gesagten und die vernunftgemäße Überprüfung.[9] Die Sorge um sich selbst beinhalte fortan, dass man den Blick auf sich selbst wendet und seine Aufmerksamkeit auf das eigene Denken richtet.[10] Im Laufe der Geschichte hat sich die Sorge um sich selbst als Begrifflichkeit mehrfach erweitert und gewandelt, was auch im weiteren Verlauf dieser Arbeit deutlich wird.

So sei der Begriff von der antiken Philosophie bis zum Aufstieg des Christentums gegenwärtig, denn hier wird die Sorge um sich selbst als Voraussetzung zur christlichen Askese verstanden. Der Begriff der epimelesthai sautou, also der Sorge um sich selbst, umfasse damit einen ganzen Korpus, der Lebenshaltungen, Denkweisen und Praktiken, die diesen Begriff zu einem regelrechten Phänomen in der Geschichte der Subjektivität machen.[11] Ausdruck finden diese Lebenshaltungen, Denkweisen und Praktiken vielfach in Formeln wie: „sich um sich selbst kümmern',

---

6   (Ebd.) Eine Entwicklung die also früh begann und auch heute im 21. Jahrhundert noch nicht zu einem Ende gelangt ist. Sondern im Gegenteil immer mehr an Fahrt aufnimmt, man denke hier nur an die verschiedensten (technischen-) Hilfsmittel zur eigenen gesundheitlichen Vorsorge (Fitness-Tracker, Überwachung der Körperfunktionen usw.)

7   (Foucault, 1993, S. 42)

8   (Foucault, 1993, S. 43)

9   (Foucault, 1993, S. 28) Foucault nennt diese Verbindung Kontrollmentalität.

10   (Foucault, 2004, S. 27)

11   (Foucault, 2004, S. 26)

‚Sorge um sich selbst tragen', ‚sich in sich selbst zurückzuziehen', [...] ‚sich selbst Freund sein', [...] ‚sich selbst verehren', ‚sich selbst achten'."[12] Diese Formeln mögen heute etwas befremdlich wirken und jemand der offen kommuniziert sich selbst zu verehren, mag dafür schnell als selbstsüchtig oder egoistisch verurteilt werden. Wenn sich eine Person in sich selbst zurückzieht oder sich um sich selbst kümmern muss, besitze dies schnell eine melancholische, gar traurige Konnotation so Foucault. Dies entspräche jedoch nicht den ursprünglichen Bedeutungen der Formeln der Sorge um sich selbst, denn diese besäßen im antiken Denken, bis zum Gebrauch im Christentum, keinerlei negative Assoziationen.[13] In diesem Sinne nehme diese nicht- egoistische Ethik, als christliche Gestalt, die Verpflichtung zum Verzicht auf sich selbst ein, oder aber einen nicht ausschließlich christlichen moderneren Ansatz zur Verpflichtung anderen Gegenüber.[14]

2.1 Suche nach der Wahrheit

Welche Ziele verfolgte also konkret die Sorge um sich selbst? Außer ein mündiger Bürger zu werden, der sich in der Gesellschaft einbringen solle und wusste wie er sich zu verhalten habe. Das einheitlich formulierte Ziel der Philosophen in der Antike liege in der Suche nach der Wahrheit und sei besonders darauf gerichtet, welche Wege und Techniken genutzt werden sollten um diese zu erlangen.[15] Ohne genauer zu definieren was hierbei unter Wahrheit zu verstehen ist, galt diese als erstrebenswert, da sie das Subjekt erleuchte und Glückseligkeit, sowie Seelenruhe verschaffe.[16] Der Weg zur Wahrheit rückte die Maxime des delphischen Orakels „erkenne dich selbst" in den Vordergrund.[17] Das Subjekt gelang schließlich zur Wahrheit, indem es an sich selbst arbeitete oder präziser „[...] ein Herausarbeiten seiner Selbst, eine allmähliche Veränderung seiner Selbst [...]" vornahm, so Foucault.[18] Diese Arbeit an sich selbst vollziehe sich in einem Erkenntnisakt, wobei dieser alleine nicht ausreiche um zur Wahrheit zu gelangen, „[...] sondern er bedarf der Vorbereitung der Begleitung und Vollendung durch eine gewisse Veränderung

---

[12] (Foucault, 2004, S. 28)

[13] (Foucault, 2004, S. 29)

[14] (Foucault, 2004, S. 34)

[15] (Ebd.)

[16] (Ebd.)

[17] (Foucault, 2004, S. 31)

[18] (Foucault, 2004, S. 33)

des Subjekts [...]".[19] Historisch gesehen können in der Suche nach Wahrheit und in der Voraussetzung der Arbeit an sich selbst, die Wurzeln einer bis heute andauernden hierzu motivierenden Selbstsorge gefunden werden. Das Subjekt muss sich in gewisser Weise verändern um Zugang zu etwas zu erhalten, was ihm verbesserte Lebensbedingungen oder Seinszustände verspricht. Im Nachgang der Antike bis hin zum Mittelalter und dem Aufstieg der christlichen Religion, war es fortan die Erkenntnis und der Erkenntnisakt allein, der Zugang zur Wahrheit erlaube, sodass keine zwingenden Veränderungen oder Transformationen des Subjekts nötig wären.[20] Gleichzeitig wurde die Wahrheit dadurch in ihren Wirkungsinhalt verändert, indem nun zwar jedes Subjekt Zugang zur Wahrheit besäße ohne sich vorher verändern zu müssen, aber diese Wahrheit nun nicht mehr fähig sei, dem Subjekt das erhoffte Seelenheil zu bringen schlussfolgert Foucault.[21] Der Begriff Seelenheil ist insofern ein äußerst zutreffender Begriff, als das dieser bereits die frühen Anfänge einer Sorge um die Seele und die damit verbundenen Ziele beschreibt. Diese Sorge erlebte besonders im 19. Jahrhundert einen großen Aufschwung, durch den Vormarsch der Psychoanalyse. Darum soll sich das nächste Kapitel dem Wandel widmen, der innerhalb der westlichen Kulturen stattgefunden hat und sich inhaltlich besonders mit der Sorge um die Seele des Menschen beschäftigt. Hierbei wird es besonders zu beobachten sein, inwiefern sich fachliches Wissen der Bereiche Psychologie, Psychoanalyse und Psychotherapie, innerhalb der westlichen Kulturen und Gesellschaften, verbreiten konnten.

---

[19] (Foucault, 2004, S. 34)
[20] (Foucault, 2004, S. 35)
[21] (Foucault, 2004, S. 37)

3 Die „therapeutische Kultur"

Das 19. Jahrhundert würde manchmal als „Zeitalter der Nervosität" bezeichnet, in dem die Diagnose einer Neurasthenie Hochkonjunktur besaß und die Menschen sich vielfach in diesem Krankheitsbild wiederfanden. Dies habe nicht zuletzt daran gelegen, da die Menschen sich vielen Umbrüchen ausgesetzt sahen und vielfach mit Orientierungsnöten konfrontiert waren. Die „modernen Subjekte" wären durch notorische Zweifel verunsichert und hätten unter permanenten Erfolgs- und Entscheidungsdruck gestanden. Immer neue Möglichkeiten und Chancen taten sich auf, die jedoch nicht alle als positiv und als wachsendes Autonomiepotenzial empfanden.[22] Zusammengefasst hält Straub fest: „Viele Bewohner moderner Gesellschaften mussten mit den sich vervielfachenden, miteinander konkurrierenden Optionen, zwischen denen sie in wachsendem Maß ‚frei' wählen konnten, einigermaßen vertraut werden und zurechtkommen".[23] Der Verlust alter Traditionen und Bezugsgruppen, sowie wachsende Gefühle der Instabilität und Unsicherheit forderten ein hohes Maß an Selbstständigkeit, um die sich jedes Subjekt fortan zu bemühen hatte.[24] So gäbe es eine rapide gesteigerte Verantwortung für sich selbst Sorge zu tragen und sein Leben eigenständig führen zu können, weitestgehend ungeachtet der unberechenbaren und unüberschaubaren Verhältnisse.[25] In dieser Fülle von Anforderungen und Schwierigkeiten für die „modernen Subjekte", ist es kaum verwunderlich, dass sich parallel hierzu Bewegungen und wissenschaftliche Bestrebungen gebildet haben, die sich hiermit auseinandersetzten. Denn die kulturellen und historisch geprägten Befindlichkeiten der Seele bedurften einer neuen Ansichtsweise und im Falle diagnostizierter psychischer Krankheiten, einen ebenso geprägten Ansatz zur Behandlung dieser.[26] Es gab Anfang des 20. Jahrhunderts kaum ein ehrgeizigeres Projekt, was sich den seelischen Befindlichkeiten und psychischen Krankheiten annahm, als die neubegründete Psychoanalyse von Sigmund Freud. Hierzu formuliert Illouz treffend: „Freuds revolutionäre Ideen hatten [...] einen zentralen Gegenstand- seelisches Leid- und boten noch nie dagewesene Techniken, diesem ein Ende zu bereiten bzw. es zu lindern".[27] Beim Anspruch

---

[22] (Straub, 2013, S. 8)

[23] (Straub, 2013, S. 11)

[24] (Straub, 2013, S. 12)

[25] (Straub, 2013, S. 13)

[26] (Straub, 2013, S. 5)

[27] (Illouz, 2009, S. 50)

Freuds, seelisches Leid zu lindern sollte es jedoch nicht bleiben, so „[...] sollte Freud die wichtigste Kosmologie des modernen Selbst hervorbringen, indem er sie mit den Idealen der Autonomie und Selbsterkenntnis und dem Streben nach Glück verband [...]" führt Illouz fort.[28] Hierbei wird deutlich, dass das Ziel der freudschen Psychoanalyse über die Heilung seelischen Leids, bereits zu seiner Zeit hinaus reicht, indem hier Formulierungen mitschwingen, die unter zeitgenössischer Perspektive bereits als Optimierungsziele erfasst werden können. Auch der Begriff der Wahrheit spielt wie in der Antike, im Verständnis der psychoanalytischen Praxis nach Freud eine Rolle, so schlussfolgert Eva Illouz diese bringe uns „[...] dazu, nach der Wahrheit über uns selbst zu suchen; folglich geht es ihr definitionsgemäß darum, daß (!) wir diese Wahrheit entdecken und uns durch die Suche nach ihr emanzipieren." Hierbei steht also wieder die Wahrheit im Zentrum und die Suche nach ihr in uns selbst wird wieder zentral, wobei die Psychoanalyse den richtigen Weg zu weisen vermag.

3.1 Der Aufstieg der Psychoanalyse

Anfänglich habe die Psychoanalyse in Deutschland noch mit Ignoranz zu kämpfen gehabt, aber es war besonders das Land Amerika, dass Freuds Lehren einen großen Aufschwung verlieh, stellt Illouz fest.[29] Dies lag jedoch nicht zuletzt daran, dass es ihm gelang, bereits in Europa eine Theorie mit großer Reichweite und einer soliden Organisationsstruktur gegründet zu haben. So leitete Freud zwischen den Jahren 1902 und 1906 eine „Psychologische Mittwochsgesellschaft", deren Zweck darin bestand neue Anhänger zu finden und neue Ideen aufzustellen. Durch die Aneignung psychoanalytischer Konzepte und Praktiken von Akteuren, in wissenschaftlichen und kulturellen Schlüsselpositionen, bereitete Freud das Fundament einer raschen Verbreitung seiner Theorien.[30] Der Grundstein war also gelegt und nach Illouz habe sich kein Land für die freudschen Lehren so aufgeschlossen gezeigt wie Amerika.[31] Dies habe besonders daran gelegen, da hier „[...] verschiedene Methoden des Heilens ‚durch den Geist' bereits gängig waren [...]".[32] Durch Freuds Amerikaaufenthalt und der im Jahr 1909 gehaltenen Vorlesungen, gelang es ihm,

---

[28] (Illouz, 2009, S. 51)

[29] (Illouz, 2009, S. 61)

[30] (Illouz, 2009, S. 53)

[31] (Illouz, 2009, S. 58)

[32] (Illouz, 2009, S. 59)

interessierte Unterstützer zu finden, die zur Verbreitung der Psychoanalyse beitrugen und aus den Eliten der psychiatrischen und neurologischen Fachgebiete stammten.[33] So half das medizinische Establishment in Amerika der Psychoanalyse anerkannt und institutionalisiert werden. Daran anschließend nennt Illouz besonders die Ärzte Abraham Brill und James Putnam diese „[...] bemühten sich unermüdlich darum, die Psychoanalyse der breiten Masse nahezubringen, und wirkten so als kulturelle Vermittler und sogar Missionare, die für die Psychoanalyse warben und sie legitimierten."[34] So sorgte die Medizin maßgeblich dafür, dass die Psychoanalyse sich in der Populärkultur verbreitete und Legitimität, sowie Ansehen erhielt. Dies zeige sich auch in der Gründung und Etablierung der „American Psychoanalytical Association" die 1911 ins Leben gerufen wurde und somit der Psychoanalyse zu einer eigenen Organisationsform verhalf.[35] Der Aufschwung der Psychoanalyse wurde weiterhin bestärkt, als im Ersten Weltkrieg einige Soldaten traumatisiert zurückkehrten und Psychoanalytiker diese erfolgreich heilen konnten, womit sie weiter an Status und Selbstvertrauen gewannen. Auch der zweite Weltkrieg verhalf, historisch betrachtet, der Psychologie als Ganzes sich weiter auszubreiten und sich zu etablieren, sodass Psychologen in vielen unterschiedlichen Bereichen angefragt und gefordert wurden. In Personalverwaltungen waren diese fortan zu finden, wie auch beim Militär, zur Stärkung der Kriegsmoral oder Propaganda.[36] Die Institutionalisierung der Psychologie schritt immer weiter voran und die Gründung psychologischer Fachbereiche an den Universitäten, trug zur Konstituierung des gesamten Berufsstandes der Psychologen bei. Somit wurde die Standardisierung psychologischer Erkenntnisse ermöglicht und erlaubte darüber hinaus den Anspruch der Psychologen auf ein „[...] allgemein anwendbares Expertenwissen" resümiert Illouz.[37]

Durch die Verbundenheit der Psychoanalyse mit dem autoritären Ärztestand und einer auch zunehmenden Beliebtheit beim „Laienpublikum", wuchs das Selbstvertrauen der Psychologie in einem weiten Ausmaß. Gerade die Öffnung des wissenschaftlichen Diskurses und die Verschiebung hiervon, verhalf der Psychologie zur großen Popularität, so schreibt Eva Illouz: „Die Psychologie war zweifellos die

---

[33] (Illouz, 2009, S. 60)

[34] (Illouz, 2009, S. 63)

[35] (Illouz, 2009, S. 64)

[36] (Illouz, 2009, S. 65)

[37] (Illouz, 2009, S. 66)

populärste aller Sozial- und Naturwissenschaften, das heißt, sie war wie keine andere öffentlichkeitsbewußt (!) und am Puls der Öffentlichkeit."[38] Im nachfolgenden Abschnitt soll genau dieser Umstand betrachtet werden, warum und wie es die Psychologie bzw. die Psychoanalyse schaffte, einen so großen Anklang bei einer breiten Masse der Bevölkerung, in den USA, zu finden und zunehmend in die Gesellschaft hinein zu wirken.

3.2 Die Vermischung von Populärkultur und Psychologie

Zunächst soll eine Charakterisierung der Funktionen einer Kultur erfolgen. Dafür folgt diese Arbeit der Auffassung nach Eva Illouz es sei die Kultur, „[...] die jene Bedeutungen und Interpretationen prägt und ihnen eine Richtung gibt, mit deren Hilfe wir unseren Alltag bewältigen und auch Ereignissen Sinn verleihen, die den alltäglichen Gang der Dinge unterbrechen." Hieraus wird also deutlich, dass die Kultur maßgeblich dazu beiträgt den Alltag zu strukturieren und gewisse Verhaltens- oder Vorgehensweisen beeinflussen kann, „[...] indem sie die Selbste, die Techniken und die Weltanschauungen formt, aus denen Menschen ihre Lebensstrategien ableiten."[39] Somit kommt ihr eine wichtige Rolle zu, wenn es darum geht wie Menschen ihr Handeln bestimmen und wonach sie dieses ausrichten. Kulturen können sich durch unterschiedliche Art und Weise verändern und damit Änderungen in den Handlungen der Menschen erzeugen. Bestehende Strukturen können „neukodiert" werden, oder bestehende gesellschaftliche Probleme werden anders aufgefasst und besprochen als bisher. Durch die Einführung und die Verbreitung der Psychoanalyse trug Freud maßgeblich zu einer Veränderung der westlichen Kultur bei, indem er eine neuartige Sprache schaffte, um die Seele beschreiben zu können und diese zu diskutieren oder sogar lenken zu können.[40] Damit diese Sprache verbindlich werden konnte und „[...] neue Praktiken des Wissens, der Selbstbeobachtung und der Selbsttransformation [...]" etablieren konnte, musste diese von gesellschaftlichen Institutionen übernommen werden. Dies war vielfach durch die Psychologie geschehen und deren zugehörige wissenschaftliche Autorität, sodass sich diese weiter in unterschiedlichste „gesellschaftliche Arenen" ausbreiten konnte.[41] Dabei attestiert Illouz der Psychologie einen gewissen Anspruch auf Allwissenheit:

---

[38] (Illouz, 2009, S. 66 f.)

[39] (Illouz, 2009, S. 104)

[40] (Illouz, 2009, S. 68)

[41] (Illouz, 2009, S. 102)

> Psychologen entwickelten nicht nur die Umrisse einer neuen Wissenschaft des Geistes, sondern behaupteten darüber hinaus, das Verhältnis von Individuum und Gesellschaft zu verstehen, die Mysterien des Glaubens und politischen Massenbewegungen entziffert zu haben sowie über die Techniken und Grundsätze zu verfügen, die zu sexueller Erfüllung, zu Erfolg und Zufriedenheit verhalfen.[42]

Schnell formte sich hieraus ein therapeutischer Diskurs, der sich in eine kulturelle Form verwandelt habe und die Erfahrung der Menschen präge, sowie organisiere. Er besäße darüber hinaus die Stellung als kulturelle Ressource, mit deren Hilfe sich die Menschen selbst und soziale Beziehungen besser verstehen könnten.[43] In diesem Zusammenhang benennt Eva Illouz die Entstehung eines neuen „emotionalen Stils" der eine Kombination verschiedener Formen beinhalte, „[...] in denen sich eine Kultur mit bestimmten Gefühlen ‚beschäftigt' und spezifische- sprachliche, wissenschaftliche, virtuelle- ‚Techniken' entwickelt, um sie zu begreifen." Besonders auf der sprachlichen Ebene, sind die Diskurse des psychologischen Spezialwissens und einer Populärpsychologie sehr mit einander verschwommen, da diese beide auf das Selbst zielen und „[...] dabei ähnliche Metaphern und Erzählungen benutzen".[44]

> Wenn populärpsychologische Veröffentlichungen uns auch nicht direkt über die Verwendungsweisen therapeutischer Sprache in der Praxis informieren können, so geben sie doch die öffentlich zugänglichen Sprachen zu erkennen, die unser Selbstverständnis formen und uns dabei helfen, das Verhalten anderer zu interpretieren.[45]

Der immer weiter fortschreitende Eingang der Psychologie in die Kultur und damit in den Alltag der Menschen, zeigte sich in den USA, nach Erfolgen der Psychologen in der Armee, auch innerhalb von Unternehmen.[46] Hier wurden Psychologen gebeten Tests zu entwickeln, um besonders fähige und produktive Mitarbeiter auswählen zu können und einzustellen.[47] Nicht nur die Persönlichkeit der Mitarbeiter, sondern auch die der Manager avancierte zu einem Erfolgskriterium für Unternehmen auf das zu achten sei.[48] Die Angebote der Psychologie waren zu dieser Zeit, in einer

---

[42] (Illouz, 2009, S. 102 f.)

[43] (Illouz, 2009, S. 103)

[44] (Illouz, 2009, S. 32)

[45] (Illouz, 2009, S. 132)

[46] (Illouz, 2009, S. 120)

[47] (Illouz, 2009, S. 120)

[48] (Illouz, 2009, S. 122 f.)

sich verändernden Zivil- und Arbeitsgesellschaft, äußerst attraktiv. So wurden Werkzeuge zur Verfügung gestellt, Mitarbeiter*innen zu führen und diesen Orientierung zu liefern, um sich in den komplexer werdenden Organisationen und in der amerikanischen Wirtschaft zurecht zu finden.[49] Damit konnte sich die „therapeutische Sprache" schnell verbreiten und sprach bei der Bearbeitung des Themas Produktivität, sowohl Manager als auch Mitarbeiter gleichermaßen an.[50] Alle hier dargelegten Entwicklungen und Verbreitungen psychologischen Wissens und Praxis, verdeutlichen einen Übergang von einer reinen von Experten betriebenen Wissenschaft, hin zu alltagstauglichen Techniken und Erklärungsweisen, die auf menschliches Verhalten abzielen. Da diese Arbeit besonders die Psychologie und deren Ausbreitung unter dem Aspekt der Selbstoptimierung betrachtet, wird im nachfolgenden Kapitel der Aufschwung der Maxime zur Selbstoptimierung nachgezeichnet und mit welcher Selbstverantwortung dies einhergehe.

3.3 Selbsthilfe und Humanistische Psychologie

Als Vorreiter einer modernen Selbsthilfe- Kultur ist Samuel Smiles zu nennen, der mit seinem Buch „Self- Help" (1859) mithilfe von Portraits erfolgreicher Männer, deren Weg zu Ruhm und Reichtum nachzeichnete.[51] Die Botschaft hierbei war eindeutig, aus einer individuellen Verantwortung heraus ist jeder Mensch dazu fähig, aus sich heraus Erfolg herbeizuführen.[52]

Dieser optimistischen Ansicht widerspricht Freud, der unvermittelt zugab, dass wenn die seelische Entwicklung einmal Schaden genommen habe, dies nicht durch einfache Willenskraft zu heilen sei. Zudem sei die Fähigkeit sich selbst heilen, oder helfen zu können stark von der Klassenzugehörigkeit abhängig. Seiner Meinung nach, war es allein die wissenschaftlich fundierte, oft kostspielige Arbeit des Psychoanalytikers, die dem Selbst helfen konnte. Illouz interpretiert Samuel Smiles Ansicht dagegen, dass er davon überzeugt war, „[...] daß (!) der einfache oder arme Mann sich durch Nüchternheit, Ausdauer und Energie über die gewöhnlichen Prüfungen des täglichen Lebens erheben [...]" könne und somit sich selbst von Lastern zu befreien vermochte.[53] Man beachte jedoch auch, dass sich bei Freud und Smiles

---

[49] (Illouz, 2009, S. 151)

[50] (Illouz, 2009, S. 152)

[51] (Illouz, 2009, S. 257)

[52] (Illouz, 2009, S. 258)

[53] (Illouz, 2009, S. 259)

zwei unterschiedliche Konzepte und Intentionen begegneten. So war Freud darin bestrebt die Seele zu heilen, also Gesundheit herzustellen, wohingegen Smiles Erfolg (Ruhm, Reichtum, Macht o.ä.) als das erstrebenswerteste Ziel ansah.[54]

Trotz dieser unterschiedlichen Vorstellungen ist in der heutigen amerikanischen Gesellschaft und auch in weiten Teilen der westlichen Kulturen allgemein, ein Bündnis von Smile's Selbsthilfeethos und den freudianisch geprägten Grundsätzen zu erkennen. Nicht zuletzt einer riesigen Selbsthilfeindustrie ist es zu verdanken, dass die Botschaft jedermann könne sich selbst helfen, egal um welche Themen es sich handelt „[...] wie Intimität, Kindererziehung, Führungsstärke, Scheidung, Durchsetzungsvermögen, Wutmanagement, Diät und Wohlbefinden [...]". Die freudianischen Züge zeigen sich besonders in Behauptungen, die mit den behandelten Themen verbunden werden, wie der zum Großteil unbewussten Identität, innere Ursachen für Konflikte, oder die widersprüchliche Konstitution der Identität.[55] Die Verbindung der Selbsthilfe mit der Sprache der Psychotherapie, ermöglichte einen erweiterten Zugang zur Populärkultur und verschränkte sich hier mit Schlüsselbegriffen und erstrebenswerten Zielen, der amerikanischen Kultur, „[...] wie dem Streben nach Glück, Selbständigkeit und Selbstvertrauen sowie dem Glauben an die Perfektionierbarkeit des Selbst [...]".[56] So könne eine therapeutische Selbsthilfekultur entstehen, die sich in die sozialen Erfahrungen der Menschen einpräge und zugleich ein internalisiertes kulturelles Schema darstelle, welches die Wahrnehmung unserer Selbst und anderer, sowie zwischenmenschliche Interaktionen organisiere.[57] Den letztendlichen Siegeszug der Psychologie und deren Einzug in die amerikanische Kultur besiegelte, die humanistische Psychologie und besonders die einflussreichen Vertreter wie Abraham Maslow und Carls Rogers.[58] Die Arbeiten von Rogers machten fortan Selbstverwirklichung zu einer natürlichen und jeder Lebensform innewohnenden Motivation, „[...] ihr Potential in größtmöglichen Ausmaß zu entfalten." Damit wurde persönliches Wachstum, Selbstverwirklichung und Entfaltung zu einer universellen Disposition die nur auf die richtigen Bedingungen wartete, um aktiviert zu werden.[59] Da hierbei die Sprache von einer natürlichen

---

[54] (Illouz, 2009, S. 260)

[55] (Illouz, 2009, S. 261)

[56] (Illouz, 2009, S. 262)

[57] (Illouz, 2009, S. 263)

[58] (Illouz, 2009, S. 267)

[59] (Illouz, 2009, S. 268)

Ressource oder Veranlagung zur Selbstverwirklichung die Rede ist, sei es fortan jeden Menschen auferlegt diesen unklaren Ziel nachzugehen.[60]

Hier wird ein klarer Schnitt vollzogen der sich von Freuds ausgehenden Intentionen, die Seele zu heilen, zur humanistischen Psychologie und deren Ideale der Selbstverwirklichung entwickelt. Wobei die Kategorie Krankheit damit erweitert wurde, so fanden sich Menschen die sich an den psychologischen Idealen der Selbsterfüllung maßen, schnell in einer Kategorie der Krankheit wieder, denn sie waren ja nicht imstande aus eigener Kraft diese natürliche Disposition zu aktivieren und auszuleben. Hierzu resümiert Illouz, dass es den Psychologen gelang ihren Zuständigkeitsbereich zu vergrößern „[...] auf das wesentlich größere Feld des neurotischen Unglücks [...]".[61]

Es etablierte sich die Vorstellung Gesundheit und Selbstverwirklichung seien synonym geworden und der große Publikumserfolg der Psychologie hänge damit zusammen, dass die meisten Menschen von nun an als „nichtselbstverwirklicht" galten.[62]

Somit war die Zielgruppe für psychologische Ratgeber enorm gewachsen und eine neue Art der Selbstverantwortung und Autonomie breitete sich aus. Die humanistische Psychologie versprach Methoden und Techniken mit deren Hilfe sich jeder dazu befähigen konnte nicht nur gesund, sondern gleichsam erfolgreich zu werden, egal was dies speziell im Einzelfall für jeden bedeutete. Ein neuer Selbsthilfeethos war somit entstanden. Das nächste Kapitel greift nun diese Entwicklung auf und zeigt den Fortgang der Techniken und des Bestrebens der Menschen innerhalb der westlichen Kultur, ihr selbst an den Leitideen der humanistischen Psychologie anzupassen und sich zu optimieren.

---

[60] (Illouz, 2009, S. 269)
[61] (Illouz, 2009, S. 270)
[62] (Illouz, 2009, S. 271)

4 Der Wandel zur „Optimierungskultur"

Der Beginn einer „Optimierungskultur" setzt genau da an wo die humanistische Psychologie ihre Leitlinien und Zielsetzungen formuliert hat. Ein selbstverwirklichtes Leben war fortan das Ziel, was jeder Mensch verfolgen sollte und jedwedes Unglück was einem wiederfahren konnte, wurde bereits zum Ausdruck mangelhafter Bemühungen.[63]

Dabei war es in Anlehnung an Rogers signifikant wichtig und Voraussetzung, dass man sich zuallererst selbst wertschätzen musste, damit der innerliche „Wachstumstrieb" aufrechterhalten werden könne. Abhängigkeiten, von den Erwartungen oder Weisungen anderer, waren als Einschränkungen und als schädlich für den Prozess der Selbstverwirklichung zu betrachten. Ein besonders interessanter Aspekt, der im späteren Verlauf dieser Arbeit noch betrachtet wird, wenn es um die Autonomie des Subjekts innerhalb von Optimierungsprozessen geht. Die erfolgreichste Verbindung von Psychologie und Selbsthilfeehtos vollbrachte jedoch, in Anlehnung an Carl Rogers, Abraham Maslow.[64]

Dabei dehnte sich der Begriff der „Selbsthilfe" dahingehend aus, dass sich zunehmend Experten auf den Weg machten, als professionelle Unterstützer den Menschen zu helfen, „[...] die in ihrem Bemühen um Selbstaktualisierung und Selbstverwirklichung ins Stocken kamen oder erst gar nicht recht wusste, wie sie das emotionale Abenteuer am besten anfangen sollten." Eine ganze Selbsthilfeindustrie konnte sich, durch die Humanistische Psychologie als Wegbereiter, etablieren schlussfolgert Straub.[65]

Somit hatte die therapeutische Kultur den nächsten Schritt gemacht und eine Praxis eingeleitet, die Ratschläge und Empfehlungen zu fast allen Fragen der Lebensführung und Persönlichkeitsempfehlung zu geben vermochte. Sie ebne so den Weg, zu zeitgenössischen Untersuchungen der „Beratungsgesellschaft" oder sonstigen „Empfehlungsregimes".[66]

---

[63] (Straub, 2013, S. 20)

[64] (Illouz, 2009, S. 269)

[65] (Straub, 2013, S. 21)

[66] (Straub, 2013, S. 24)

Es ist zutreffend im 20. Jahrhundert von einer, auch über Amerikas Grenzen hinweg, weitestgehend hegemonialen Psychomacht sprechen zu können, so können die sich ausweiteten „Psy- Disziplinen" und deren „[…] Psychopraktiker und –techniker die Verfahren, Strategien und Taktiken der Selbstbeobachtung und Selbstthematisierung, Selbstbearbeitung und Selbstarbeit bereitstellen".[67]

All diese Entwicklungen der Humanistischen Psychologie und die Ausdehnung der Psy- Disziplinen mache deutlich, dass der Fokus einer auf Wiederherstellung der Gesundheit zielenden Praxis der Psychologie, zunehmend verschwand und sich mehr und mehr „[…] den gesunden und angepassten, intakten und funktionsfähigen Menschen zu [...]" wandte. Somit überschritt sie maßgeblich ihre traditionellen Grenzen auch dort wo sie noch erkennbar einer psychiatrischen, klinisch- psychologischen Tradition folgte. Etliche Heilberufe befanden sich so zunehmend im Wandel und standen von nun an nicht mehr nur Personen zu diensten, die an Krankheiten oder Störungen litten, sondern entwickelten sich gegen Mitte des 20. Jahrhunderts hin zu Menschenverbesserungsunternehmen und Mitmachprogrammen für jeden Personenkreis. Hierzu resümiert Straub treffend: „Es musste einem eigentlich gar nicht groß was fehlen: Therapie und Beratung schienen (und scheinen heute mehr als je zuvor) stets am Platz, jedenfalls nie verkehrt [...]". Die so transzendierte therapeutische Kultur nehme die „ganz normalen Leute" ins Visier und verheiße „[…] ihnen Entwicklungen ihrer Potenziale, die ihre Lebensqualität steigern, ihr Dasein menschlicher, reicher, kreativer, spannender, einfach glücklicher machen sollen." Das Thema der Selbstentwicklung und Selbstoptimierung geriet somit in einen starken Fokus und wurde zu einer Aufgabe der sich fortan niemand mehr entziehen sollte, egal ob im eigenen Interesse oder in einem allgemein gesellschaftlichen Sinne, so Straub.[68]

Die vermehrte Anzahl an Menschenverbesserungsangeboten, blieb nicht allein in den Händen der wissenschaftlichen Psychologie, sondern auch zunehmend andere Berufsstände wie Pädagogen oder Philosophen fühlten berufen, diesen Markt mit eigenen Beratungsangeboten zu füllen. Die ständig anzutreffenden Angebote und die universelle Verbreitung von Selbstverbesserungsmaximen setzen vielfach einen subtilen Anpassungsdruck in Gang, „[…] dem in der normierenden und

---

[67] (Straub, 2013, S. 25)
[68] (Straub, 2013, S. 26)

normalisierenden Animations- und Mobilisierungskultur des sich optimierenden Menschen kaum jemand völlig ausweichen kann."[69]

Ein nicht zu verachtender Punkt stellt die Tatsache dar, dass die Mehrzahl der Anbieter von Optimierungsprogrammen und Techniken, mit daran beteiligt ist die Nachfrage stetig aufrecht zu erhalten. Immerhin lässt sich auf diesen Markt sehr viel Geld umsetzen und durch den Übergang und die Ausweitung der Zielgruppe, ist heutzutage jeder Mensch egal welchen Alters ein potenzieller Kunde. Persönlichkeitsentwicklung und Optimierung sind in keiner Weise Alters beschränkt so lassen sich auch Angebote für Heranwachsende auswendig machen. So wurde durch eine Internetrecherche exemplarisch bei einem Anbieter, der sich auf dem Markt der Optimierungsdienstleistungen befindet, ein Seminar für Kinder in einem Alter von 12- 15 Jahren entdeckt.[70] Der Anbieter, selbst eine Privatperson namens Tobias Beck, lässt sich selbst als „International Speaker- Autor- Hochschuldozent" beschreiben und verspricht einen Rahmen von „Geborgenheit und Zuversicht" in dem sich die Kinder auf einer „Entdeckungsreise zur eigenen Gabe" machen können.[71] Man sieht das Persönlichkeitsentwicklung, in den Augen der Optimierungsdienstleister, nicht erst im Erwachsenenalter ein Thema werden solle. Natürlich sollen diese Angebote auch gezielt Eltern ansprechen, die vielleicht ebenfalls einem generalisierten Optimierungsimperativ folgen und dies für ihre Kinder auch als hilfreich erachten. Hier entstehen also neue Möglichkeiten für „besorgte" oder besonders umsorgende Eltern, die hier nicht im Einzelnen behandelt werden können, obgleich diese Thematik eine näheren Betrachtung wert wäre. Für die vorliegende Arbeit bleibt festzuhalten, dass die subtilen Aufforderungen zur Inanspruchnahme sämtlicher Entwicklungs- und Optimierungsangebote, sowie die zu verbessernden Merkmale (Gesundheit, Erfolg, Kreativität uvm.) immer stärker in der Gesellschaft Anklang finden.[72]

---

[69] (Straub, 2013, S. 27)

[70] (Zu finden auf: https://tobias-beck.com/youngstars/)

[71] (Ebd.)

[72] (Straub, 2013, S. 28)

4.1 Der Kapitalismus als eine der Triebfedern für Selbstoptimierung

Wenn man versucht einen Wandel in den Gegenwartsgesellschaften auswendig zu machen, dann stößt man hierbei besonders auf die Wirkungsweisen des modernen Kapitalismus. Dieser hat es geschafft ganze gesellschaftliche Strukturen zu formen und durchdringt fast alle erdenklichen Bereiche des Lebens. Im vorhergehenden Abschnitt war bereits davon die Rede, dass es ganze Märkte gibt für Selbstoptimierungsdienstleistungen, die sich über die Expansion und herausragende Stellung der Psychologie etablieren konnten. Auf diesen tummeln sich Expert*innen, mit oder ohne wissenschaftlich psychologischen Hintergrund, die den gewöhnlichen Durchschnittsmenschen anbieten aus ihnen etwas Überdurchschnittliches zu machen, führt Jürgen Straub aus.[73] Einer der Hauptgründe warum sich diese Märkte der Selbstoptimierungsangebote überhaupt erst etablieren konnten, liegt in der Tatsache begründet, dass es besonders der Kapitalismus vermochte, verinnerlichte Kerngedanken und Wettbewerbsstreben in der Gesellschaft und damit in den Menschen zu verankern. „Marktlichkeit wird zunehmend in nichtmarktliche Sphären hineingetrieben und reicht [...] bis hin zur Partnersuche" schlussfolgert Wagner.[74] In der heutigen Zeit des 21. Jahrhunderts herrscht praktisch überall Wettbewerb, auf dessen Anforderungen man sich einstellen muss, wobei ein subtiler Druck zur Anpassung erwachsen ist.[75] Um den Schritt mitzuhalten und nicht vom Markt „aussortiert" zu werden, hat sich der moderne Mensch fortan, wie ein technisiertes Objekt weiterzuentwickeln und ständige Updates seiner selbst durchzuführen.

Selbstoptimierung wird somit zu einem lebenslangen Projekt, an dem der Mensch zu arbeiten hat, um auf den Märkten des Lebens wettbewerbsfähig zu bleiben und den eigenen Marktwert zu steigern.[76] Hiermit wird ein besonderer Kernpunkt angesprochen, wenn es um die Motivation zur Selbstoptimierung geht, wobei eine Symbiose aus der Humanistischen Psychologie entstanden ist, die dem Menschen zu persönlicher Steigerung jeglicher Art befähigt hat und Techniken hierfür lieferte und dem Kapitalismus als gesellschaftliche Ordnung, welche das Leben der Menschen zum Großteil organisiert und strukturiert. Nicht zuletzt die Anrufung und Formung eines „unternehmerischen Selbst" nach Bröckling, welches sich maßgeblich an die Leitlinien des kapitalistisch orientierten Unternehmers hält, hat

---

[73]   (Straub, 2013, S. 29)

[74]   (Wagner, 2017, S. 21)

[75]   (vgl. Bröckling, 2007 & Wagner, 2017)

[76]   (Vgl.Wagner, 2017)

verstärkt dazu beigetragen, dass sich Ziele wie Autonomie, Selbstverwirklichung und ständige Selbstoptimierung in den Köpfen der Menschen festsetzen konnten.[77] Auch Wagner nennt einen neuen vorherrschenden Geist des Kapitalismus, der Forderungen nach Autonomie, Selbstverwirklichung und Authentizität erhebt.[78] Hierbei spielt auch die Aufforderung zur Individualisierung eine große Rolle, denn wie ein Unternehmer, der Verantwortung für sein Unternehmen und womöglich Mitarbeiter trägt, so hat das „unternehmerische Selbst" sich auch dafür zu verantworten, wenn das Projekt der Selbstverwirklichung schiefläuft oder nicht abgeschlossen werden kann.[79] Um hier nochmal auf Rogers zusprechen zukommen, wäre in einem solchen Fall, der gescheiterten Selbstverwirklichung, zur Bewältigung durchaus eine Therapie angemessen. Scheitern wird also zu einem zentral, individualisierten Risiko, welches jeder Mensch für sich selbst zu verantworten hat. Sei es nun aus Angst vor solchen Scheitern und der damit einhergehenden Konsequenzen, oder aus einem Wettbewerbsbewusstsein heraus, der subtile Druck zur Selbstoptimierung wirkt unweigerlich auf die Menschen in den Gegenwartsgesellschaften hinein.

---

[77] (Vgl. Bröckling, 2007)
[78] (Wagner, 2017, S. 120)
[79] (Bröckling, 2007, S. 26)

5 Subjektivierung in der „Optimierungskultur"

5.1 Subjektivierung und Gouvernementalität

Für die vorliegende Arbeit ist es von besonderem Interesse darzulegen, wie die „Optimierungskultur" Subjekte hervorbringt, die ein ständiges Interesse daran haben sich selbst oder ihr selbst durch andere, optimieren zu lassen.

Allgemein zum Subjektivierungsvorgang erklärt Bröckling: „Ein Subjekt zu werden ist ein paradoxer Vorgang, bei dem aktive und passive Momente, Fremd- und Eigensteuerung unauflösbar ineinander verwoben sind [...]".[80] Somit obliegt es nicht ausschließlich jedem einzelnen sich selbst zu einem Subjekt zu machen bzw. zu einem zu werden. Hierzu braucht es die Fähigkeit, die Perspektive eines anderen einzunehmen, um damit eine Vorstellung von sich selbst entwickeln zu können. Bröckling nennt diesen Akt Subjektivierung durch Objektivierung und charakterisiert das Subjekt dadurch, dass es sich selbst erkenne, eigenständig agiere und sich formen könne. Dieses Subjekt beziehe also seine Handlungsfähigkeit von denen, gegen die es seine Autonomie gleichzeitig behaupte.[81] Dieser Umstand bewirke, dass der Vorgang der Subjektivierung immer auch mit Macht verschränkt ist, die auf das Subjekt einwirkt. Auf der einen Seite wirke Macht auf ein Subjekt und gleichzeitig setze Macht Subjekte überhaupt erst voraus, auf die Macht einwirken kann. Es sei jedoch nicht ausschließlich ein Opfer von Machteinflüssen, sondern schon als Subjekt selber deren Effekt. Darüber hinaus ist das Subjekt in der Lage den ausgesetzten Einflüssen entgegenzutreten, also „[...] ihre Ansatzpunkte, Richtungen und Intensitäten" zu verändern.[82] „Das Subjekt ist somit zugleich Wirkung und Voraussetzung, Schauplatz, Adressat und Urheber von Machtinterventionen [...]", schlussfolgert Bröckling.[83] Machteinflüsse können auch von dem Subjekt auf sich selbst angewendet und übernommen werden, so würde die Machtausübung reflexiv. Diese auf sich selbst angewendeten Machteinflüsse, drücken sich in verschiedenen Formen der Selbstmodellierung oder der Selbstexpression aus, indem das Subjekt sich eine eigene Gestalt gibt, nach einen eigens entworfenen Bild, so Bröckling.[84] Die Arbeit der Subjektivierung sei unabschließbar und unvermeidlich, zudem rekursiv

---

[80] (Bröckling, 2007, S. 19)

[81] (Ebd.)

[82] (Bröckling, 2007, S. 20)

[83] (Bröckling, 2007, S. 21)

[84] (Bröckling, 2007, S. 20)

denn der Gegenstand der Arbeit und die Aufgabe des Arbeiters, der diese Arbeit ausführen soll, fallen zusammen auf das Subjekt.[85] Bei der Bestimmung eines Subjekts und was dieses auszeichnet, stoße man schnell an Grenzen. Ulrich Bröckling zu Folge handelt es sich dabei nicht um einen Zurechnungspunkt, dem das Denken, Fühlen und Wollen unterstellt ist, oder aus dem sich ein authentisches Ich entwickeln kann. Das Subjekt ist demnach weder ein Konstrukt „[...] in die sich die gesellschaftlichen Mächte einschreiben, noch autonomer Autor des eigenen Lebens". Es sei kein Produkt, sondern ein Produktionsverhältnis, formuliert Bröckling und weist daraufhin, dass die Festlegung eines Subjekts von historischen Einflüssen abhängen und den damit zusammenhängenden Selbst- und Sozialtechnologien, die zur Bestimmung und Formung des Subjekts verwendet werden.[86] Das vorliegende Kapitel wird die Vorgehensweise verfolgen, in Anlehnung an Ulrich Bröckling, im Weiteren nicht danach zu fragen, „[...] was das Subjekt ist, sondern welches Wissen zur Beantwortung dieser Frage mobilisiert und welche Verfahren in Anschlag gebracht wurden, um es entsprechend zu modellieren."[87] Michel Foucault interessierte sich besonders für die Mechanismen der Fremd- und Selbstführung bezogen auf die Technologien und Zurichtungsstrategien die Menschen zu Subjekten machen, ob fremd- oder selbstgesteuert. Für Foucault sei Subjektivierung immer mit dem Begriff des Regierens verbunden und er verstand darunter vereinfacht gesagt, das Feld möglicher Handlungen anderer zu strukturieren. Sogleich sich sein Augenmerk weniger auf die Praktiken der Fremd- und Selbstführung richtete, als vielmehr auf die Regierungskunst, „[...] d.h. die reflektierte Weise, wie man am besten regiert, und zugleich auch das Nachdenken über die bestmögliche Regierungsweise."[88] Dabei geht er nicht nur von dem heutigen gängigen Verständnis von regieren, als eine Staatsaufgabe aus, sondern bezeichnete damit außerdem „[...] die Weise, in der die Führung von Individuen oder Gruppen gelenkt wurde [...]".[89] Es geht also auch darum Menschen in gewisser Weise zu führen und zu lenken, wobei die Macht vorhanden sein muss dazu fähig zu sein. Für solche Technologien der Menschenführung, die Fremd- und Selbststeuerung beinhalten, hat Foucault den Begriff der Gouvernementalität geprägt.[90] In Foucaults Worten versteht er hier

---

[85] (Bröckling, 2007, S. 22)

[86] (Bröckling, 2007, S. 22 f.)

[87] (Bröckling, 2007, S. 23; Hervorh. im Orig.)

[88] (Foucault, 2004, S. 14; zit. n. Bröckling, 2007, S. 32)

[89] (Foucault, 1987, S. 255; zit. n. Bröckling, 2007, S. 31)

[90] (Bröckling, 2007, S. 32)

drunter eine „[...] Gesamtheit, gebildet aus den Institutionen, den Verfahren, Analysen und Reflexionen, den Berechnungen und den Taktiken, die es gestatten, diese recht spezifische und doch komplexe Form der Macht auszuüben [...]".[91] Wenn man dieser Definition folgt, dann kann Selbstoptimierung als Sammelbegriff für auf das Subjekt einwirkende Techniken und Verfahren zum Zwecke der Optimierung, auch ermöglichen Macht auszuüben und damit zugehörig zu den Verfahren angesehen werden, die dem Begriff der Gouvernementalität angehören. So schlussfolgert auch Jürgen Straub, dass man in der Kultur der Optimierung „[...] eigene Formen der Gouvernementalität, eine nicht autoritäre Führung der Selbstführung, der Selbstaktualisierung und Selbstverwirklichung durch permanente Selbststeigerung und Selbstverbesserung ausmachen kann."[92]

Subjektivierungsformen und Machtausübung sind für die vorliegende Untersuchung wichtig, denn wenn man davon ausgeht, dass die Art und die Verfahren der Subjektivierung sich in bestimmter Weise verhaltende Subjekte hervorbringen, dann ist dies bereits unweigerlich mit Machtausübung verbunden, wie bereits erwähnt wurde. Die Machtverhältnisse und deren spezifische Ausübung, können jedoch in der vorliegenden Betrachtung, über Subjekte im Coaching, nicht ausführlicher beachtet werden. Es muss hierbei genügen anzunehmen und vorauszusetzen, dass Macht auf das Subjekt in Selbstoptimierungsprozessen einwirkt, worin diese jedoch genau besteht oder ausgeübt wird, entzieht sich der hier gemachten Beobachtung. Vielmehr wird es für den weiteren Verlauf wichtig sein, eine Basis auswendig zu machen, die das Subjekt beschreibt, welches für Selbstoptimierung und deren Mobilisierung zugänglich ist. Das spezifische Subjektivierungsregime der „Optimierungskultur", welches die Selbststeuerungspotenziale maßgeblich beeinflusst, bringt eine Form des Subjekts hervor, was als „auteronom" bezeichnet werden kann und folgend dargestellt werden soll. Es bildet damit ein zentrales Konzept, der Subjekte die Selbstoptimierung in Anspruch nehmen (sollen).

5.2 Das „auteronome" Subjekt in der Kultur der Optimierung

Subjektivierung verstanden als gesellschaftliche Zurichtung und Selbstmodellierung beinhaltet verschiedenste Techniken und Strategien, die Menschen zu Subjekten machen und Anleitungen sich selbst zum Subjekt werden zu lassen. Wie also

---

[91] (Foucault, 2000, S. 64)
[92] (Straub, 2013, S. 32)

sind Subjekte beschaffen, die innerhalb einer „Optimierungskultur" subjektiviert werden und damit zu bestimmten Verhalten angeleitet werden? Auch hierbei muss eine historische Perspektive zur Erklärung gebraucht werden. Wie im Kapitel zur therapeutischen Kultur und dem Wandel zur „Optimierungskultur" dargestellt wurde, spielt die Geschichte der Psychologisierung des Menschen eine große Rolle. Die unentwegte Thematisierung der sozialen Verunsicherungen und seelischen Nöten, sowie deren Manifestierung, Reflexion und Analyse führten zu einem Individuum „[...] das in besonderer Weise hilfe- und pflegebedürftig erschien".[93] Straub resümiert hierzu, dass ein so entstandenes Selbst zunehmend professionellen Beistand bedurfte und attestiert einen großen Triumph der „Optimierungskultur" die permanente Animation und Mobilisierung aus sei und das in globalen Dimensionen, dank der Massenmedien. Dieser Subjektivierungsvorgang, der weiterhin anhält, brauche als Voraussetzung die Bereitschaft des lebenslangen Lernens und besonders den Optimierungswillen innerhalb der Subjekte. Diese Bereitschaft müsse permanent aufrechterhalten werden und die Subjekte weiterhin so geschaffen werden, dass diese sich darauf einlassen und mitmachen. Ein wichtiges Kennzeichen, der in der „Optimierungskultur" subjektivierten Subjekte, ist die ausgedrückte Autonomie bei der Ausführung von Optimierungstechniken. Hierzu schreibt Straub: „Diese optimierende Arbeit am eigenen Selbst geschieht, so empfinden und sagen es die subjektivierten Subjekte, die wir sind, meistens selbst - jeweils um ihrer selbst willen und aus freien Stücken."[94] Inwiefern dies tatsächlich als autonome Entscheidung zur Selbstoptimierung zu werten ist, kann jedoch nicht gänzlich geklärt werden. Aus verschiedenen Perspektiven erscheint Autonomie mit unterschiedlichen Konzepten und nicht wenige würden sagen, dass die Subjekte in einer „Optimierungskultur" sich zwar willentlich für eine Optimierung ihres Selbst entscheiden können, aber die letztendlich hierzu anleitenden Motivationen finden sich, als unbewusste Strukturen innerhalb der Gesellschaft. So wird Selbstoptimierung betrieben, um innerhalb der Gesellschaft seinen Platz zu behaupten oder auf dem „Markt" bestehen zu können, sodass häufig der Eindruck besteht es stelle eine „[...] gerne übernommene, im Grunde genommen konkurrenz- oder alternativlose Option dar." Nicht immer sind aber Druck und Zwang hierzu notwendig, um Subjekte zur Optimierung anzutreiben und zu mobilisieren. Oftmals wird hiermit etwas gänzlich Positives verbunden und ein Bild vermittelt,

---

[93] (Straub, 2013, S. 28)
[94] (Straub, 2013, S. 29 f.)

welches Selbstoptimierung durch und durch erstrebenswert darstellt. Sie ist besonders für Optimisten, die etwas aus ihrem Leben machen wollen und Erfolg haben, stellt Jürgen Straub fest.[95] Das Auftreten eines Subjekts, dass sich selbst im Mittelpunkt seiner Handlungen und seines Denkens stellt, könne nicht als sonderbar, schädlich oder als beklagenswert betrachtet werden. Schließlich geht es aus der Gesellschaft hervor und passe somit zum sich wandelnden Kapitalismus liberaler, pluralistischer Gesellschaften so Straub. Weiterhin führt er aus, „psychisches ist grundsätzlich historisch und gesellschaftlich konstituiert [...]" somit spielen natürliche Grundlagen eine untergeordnete Rolle bzw. werden relativiert.[96] Das sich selbst optimierende Subjekt ist also gewissermaßen ein Produkt der herrschenden gesellschaftlichen Verhältnisse, die sich in ihm manifestieren. Die Ausprägung, des spezifisch in der „Optimierungskultur" subjektivierten Subjekts, definiert Straub als ein „auteronomes" Subjekt. Dieses habe bereits in der „therapeutischen Kultur" erste Konturen angenommen und konnte sich letztendlich in der vorherrschenden „Optimierungskultur" endgültig entfalten. Das „auteronome" Subjekt habe subtile Formen von Macht- und Herrschaftsverhältnissen internalisiert und sei in besonderer Weise strukturiert. Hierzu zählen auch verinnerlichte Disziplinardispositive, „[...] die dafür sorgen, dass sie sich gerade dann frei fühlen, wenn sie sich so verhalten, wie sie sich im Zeichen einer anonymen Macht verhalten sollen [...]". Innerhalb des Feldes einer hier gemeinten anonymen Macht spielen die Psy-Disziplinen (Rose) eine wesentliche Rolle, die den homo psychologicus erschaffen haben und seine Gefühle ins Zentrum der Selbstaufmerksamkeit rückten. Dieser sei eine wichtige Voraussetzung für die umfassenden und differenzierten Programme zur Optimierung des Menschen.[97] Die im Vorfeld dieser Arbeit thematisierte „therapeutische Kultur" bereitete also den Weg für eine sich entwickelnde Gesellschaft, in der Beratungen und Fürsorge für das Subjekt omnipräsent wurden. Hiermit ginge besonders durch die Humanistische Psychologie ein Wandel des „klassischen" Autonomiebegriffs einher, der im Kern ausdrückt, dass ein Subjekt in der Lage ist selbst zu denken und zu handeln, sowie „[...] nicht nach vorgegebenen Vorschriften und vermeintlich unumstößlichen Gesetzen einer traditionellen ‚äußeren' Autorität" lebt.[98] Für die vorherrschende angewandte und wissenschaftliche Psychologie im

---

[95] (Vgl. Straub, 2013, S. 30)

[96] (Straub, 2013, S. 33 f.)

[97] (Straub, 2013, S. 34; Hervorh. im Orig.)

[98] (Straub, 2013, S. 17)

20. Jahrhundert stand fest, dass der Mensch „[...] aus eigener Kraft noch Ungeahntes aus sich und seiner Welt machen könne."[99] Dadurch wurde der Autonomiebegriff, besonders durch die Humanistische Psychologie, verändert hin zu einer individualistisch geprägten Kategorie, die artikuliert „[...] ziemlich egozentrische, mitunter regelrecht egomanische und egoistische [...]" Züge aufweise stellt Straub fest. Das sich selbst aktualisierende und verwirklichende Subjekt, wirke fortan durchaus als eingekapselt und selbstsüchtig.[100] Das so konstruierte Subjekt sei nicht auf andere Menschen angewiesen und verwandelt seine Mitmenschen schnell zu vorübergehenden Interaktionspartnern, die auswechselbar seien und zu denen meist nur eine temporäre Beziehung besteht, solange sie dem eigenen Zweck nützen. „Dieses in sehr eigentümliche Weise ‚autonome' Individuum dreht sich mehr und mehr um sich selbst [...]" schlussfolgert Straub. Dieses in der „therapeutischen Kultur" konstruierte „autonome Selbst" habe mit dem klassischen, philosophischen Verständnis von Autonomie kaum etwas gemeinsam, ergänzt er weiter.[101] Und doch, so individuell und auf sich allein gestellt das Subjekt mit diesem Verständnis der Autonomie konzipiert wurde, herrscht eine paradoxe Struktur der Abhängigkeit und des auf anderen angewiesen seins. Die psychologisch konzipierte Vorstellung von Autonomie präge eine heteronome Konstitution, die Straub daher als „auteronomie" bezeichnet und damit die paradoxe Struktur eines Selbstverhältnisses meint.[102] Es sei die bestimmte Form der Subjektivierung, die sich auf die Struktur von Selbstverhältnissen von Personen bezieht „[...] denen Selbstaktualisierung und Selbstverwirklichung als ein gesellschaftlicher und kultureller Imperativ anempfohlen und als Aufgabe auferlegt wurden- und die diese Aufgabe übernommen, einigermaßen erledigt haben und zeitlebens weiter zu erfüllen suchen." Der Begriff „auteronomie" bezeichne somit eine Struktur in der Selbstständigkeit und Selbstverantwortung oktroyiert werden, aber das Subjekt in ein Regime mehr oder weniger professioneller, besonders psychologischer Anleitungen und Mobilisierungen einbinde und von diesen abhängig mache.[103]

Das in der „Optimierungskultur" subjektivierte „auteronome" Subjekt trifft in seinem Bestreben zur Optimierung auf eine Masse an Berater*innen, Animateuren,

---

[99] (Straub, 2013, S. 19; Hervorh. im Orig.)

[100] (Straub, 2013, S. 21)

[101] (Straub, 2013, S. 22 f.)

[102] (Straub, 2013, S. 24)

[103] (Straub, 2013, S. 25)

Trainer*innen und Coaches, die ihm zur Seite gestellt werden, die bei Selbstaktualisierung und Selbstverwirklichung behilflich sind.[104] Diese Optimierungsdienstleister treiben von sich aus die „auteronomen" Subjekte weiter an, Verantwortung
für ihr eigenes Leben zu übernehmen, indem sie konsultiert werden und beratend
hierbei mitwirken. Oftmals bleibt die Verantwortung des Ausganges der Beratung,
ob erfolgreich oder weniger, beim Subjekt selbst verhaftet.[105] Wie Ulrich Bröckling
in seiner Arbeit über das unternehmerische Selbst schreibt und dessen Ansicht die
vorliegende Arbeit teilt, dass das Selbst als reflexives Projekt erscheint

> [...] das sich allein oder mithilfe professioneller Berater, Therapeuten, Coaches oder
> anderer Autoritäten einem permanenten Selbstmonitoring unterzieht, um die ‚Flug-
> bahn' seines Lebens immer neu zu adjustieren, wobei mit den Chancen der Selbst-
> verwirklichung stets die Risiken des Absturzes einhergehen.[106]

Selbstoptimierung zählt zu diesen unbestimmten Begriffen, der wie der Begriff der
Selbstverwirklichung, immer Interpretationsspielraum lässt und letztendlich subjektiv definiert wird. Darum soll es im nächsten Kapitel gehen, um diesen Begriff
näher fassen zu können und festzulegen, welches Verständnis von Selbstoptimierung dieser Arbeit zugrunde liegt.

---

[104] (Straub, 2013, S. 30)

[105] (Vgl. Straub, 2013, S. 25)

[106] (Bröckling, 2007, S. 26)

6 Selbstoptimierung als Oberbegriff

Im Vorfeld dieser Arbeit wurde ohne weiter auf den Begriff der Selbstoptimierung einzugehen, dieser als Oberbegriff verwendet, im Kontext von Leistungssteigerungen oder Verbesserungen des Menschen auf jeglicher Art. Im folgendem soll die Praxis die unter Selbstoptimierung zu verstehen ist, versucht werden zu definieren und spezifische Ausprägungen ausfindig gemacht werden.

Greta Wagner setzt besonders eine zeitliche Voraussetzung als Definition für Selbstoptimierung voraus, so spräche man „[...] in der Regel dann von Selbstoptimierung, wenn das Subjekt dauerhaft in einen optimierten Zustand versetzt wird."[107] Die dauerhafte Festsetzung einer Verbesserung, im welchen genauen Sinne auch immer, steht hier also maßgeblich im Vordergrund, um von Selbstoptimierung sprechen zu können. Im Wortlaut verbirgt Selbstoptimierung zweierlei Bedeutungen, so kann diese bedeuten, ein Subjekt wendet bestimmte Techniken an, um sich selbst zu optimieren, oder es beschreibt allgemeiner die Tatsache, dass das Selbst als konstitutives Element des Subjekts Gegenstand einer Optimierung ist.[108] Die eine Bedeutung schließt hierbei die andere nicht aus, jedoch ist diese Unterscheidung wichtig, da es durchaus auch Selbstoptimierungen geben kann, die nicht von dem Subjekt selbst und willentlich angestrebt wird, sondern quasi fremdgesteuert veranlasst oder ausgeübt wird. Die vorliegende Arbeit wird mit dem Oberbegriff der Selbstoptimierung vor allem, in Anlehnung an Foucault, Techniken im Zusammenhang bringen

> [...] die es dem Einzelnen ermöglichen, aus eigener Kraft oder mithilfe anderer eine Reihe von Operationen an seinem Körper oder seiner Seele, seinem Denken, seinem Verhalten und seiner Existenzweise vorzunehmen, mit dem Ziel, sich so zu verändern, daß (!) er einen gewissen Zustand [...][109]

erreicht. Dieser Zustand beinhaltet meist Zielvorstellungen von Glück, Erfolg, Vervollkommnung, Gesundheit oder ähnliche angestrebte Ziele.[110] Die Vielfältigkeit der potenziell angestrebten Verbesserungen und Optimierungsziele beinhaltet verschiedenste Dimensionen auf die die Selbstoptimierung einwirken kann. Wie bereits erwähnt, gibt es kaum einen Bereich der nicht in irgendeiner Weise

---

[107] (Wagner, 2017, S. 22)

[108] (Vgl. Bröckling, 2007)

[109] (Foucault, 1993, S. 26)

[110] (Foucault, 1993, S. 26)

optimierungsfähig ist. Damit verbunden sein kann entweder ein abstrakter, nicht weiter definierter Zustand wie glücklich zu sein, oder Erfolg zu haben unter denen jede*r etwas Anderes verstehen kann. Aber auch ein ganz konkretes Ziel, dass durch bestimmte Parameter festgelegt und somit messbar wird (Gewichtsreduktion, Blutdruck senken o.Ä.). Damit verbunden sind meist Optimierungstechniken, die auf den Körper eines Subjekts abzielen, besonders weil hier vermeintliche Verbesserungen und Optimierungen am einfachsten ablesbar sind. Fitnesstraining, Diäten, Schönheitschirurgie sind nur einige der Bereiche zur Selbstoptimierung, die auf den Körper eines Subjekts zielen und dies sei auch nicht verwunderlich, so Paula- Irene Villa, denn der „[…] Körper (ist) ein probates Mittel insofern, als er im Alltag unsere sichtbarste ‚Visitenkarte' darstellt." Selbstoptimierung kann also besonders auf den Körper einwirken und dieser sei „[…] gleichermaßen zu Werkzeug und zum Material von Selbstgestaltungspraxen geworden[…]".[111] Villa verwendet hier den Begriff der Selbstgestaltung und nicht der Selbstoptimierung, wobei eine Gestaltung des Körpers in einer gewissen Hinsicht nicht ausschließt, dass hiermit eine bestimmte Form der Optimierung verfolgt wird. Selbst eine Tätowierung oder ein Piercing können einer Optimierung entsprechen, wenn man damit sein subjektiv empfundenes Verständnis von Schönheit verwirklichen möchte. So verhält es sich auch beim Fitnesstraining, welches zur Verbesserung der körperlichen Leistungsfähigkeit oder zur Erhaltung bzw. Steigerung der Gesundheit beitragen kann. Ein sich so verhaltendes Subjekt würde nicht automatisch damit eine Technik der Selbstoptimierung in Verbindung bringen, sondern dies eher als eine Freizeitaktivität beschreiben und vielleicht darin kein „Mittel zum Zweck" verstehen, was auf ein Ziel hinausläuft sondern innerhalb der Ausführung bereits das Ziel als erreicht ansehen. Diese Auffassung kann dem Subjekt auch nicht abgesprochen werden, als der Begriff der Selbstoptimierung keine bindende Kategorie von Tätigkeiten vereint, die hierunter fallen. Damit wird verständlich das Selbstoptimierung selbst Mittel und Zweck einer Technik oder Methode bezeichnen kann, die letztendlich eine Verbesserung verspricht, sei es körperlicher oder geistiger Natur. Dabei muss nicht immer ein beratend tätiges Subjekt mit im Spiel sein, sondern wie erwähnt gibt es auch Möglichkeiten für ein Subjekt selbst auf sich einzuwirken und zu optimieren, wie die folgende beispielhafte Optimierungspraxis verdeutlicht.

---

[111] (Villa, 2007)

6.1 Beispielpraxis zur Selbstoptimierung: Neuroenhancement

Auch immer mehr chemische Hilfsmittel zur Leistungssteigerung verbreiten sich und bringen eine neuere Form der Selbstoptimierung zum Vorschein, wie bei der Praxis des Neuroenhancements. Hierbei geht es weniger um eine angewendete Technik als um das Einsetzen eines Hilfsmittels zur Leistungssteigerung. Präziser formuliert geht es um die kognitive und körperliche Leistungssteigerung, durch die gezielte Einnahme von Psychopharmaka.[112] Wobei besonders der Fokus, wie bereits der Name verrät, auf den neurologischen Funktionen eines Subjekts liegt und diese durch Enhancement, auf Deutsch Erweiterung, optimiert werden sollen. Dafür sind die Psychopharmaka notwendig, die direkt auf die Hirnfunktion einwirken, um dadurch das subjektive Wohlbefinden zu steigern oder die Konzentration und Wachheit erhöhen. An dieser Form der Selbstoptimierung ist sicherlich der Aspekt der Selbstmedikation von Bedeutung, so kann jeder ohne zwangsläufig professionelle Hilfe in Anspruch zu nehmen, auf seine Hirnfunktionen Einfluss nehmen, so Greta Wagner.[113] Eine weitere Besonderheit an dieser Technik der Selbstoptimierung, ist die damit verbundene unkomplizierte und einfache Steigerung der Leistungsfähigkeit oder des Wohlbefindens, ohne weitgehend mühsam an sich selbst arbeiten zu müssen. So schlussfolgert auch Wagner: „Während Ratgeber behaupten, das sich durch Selbstinstruktion und –konditionierung unliebsame Emotionen unterdrücken und erwünschte Emotionen herstellen lassen, greifen Psychopharmaka direkt in den Hirnstoffwechsel ein.“[114] Es wäre somit gar nicht nötig, sich strengen Techniken zur Selbstoptimierung zu unterziehen, denn hierfür gibt es ja bereits eine Pille, die dies umzusetzen vermag. Natürlich sind die abgesteckten Grenzen dieser Optimierungstechnik jedoch weitaus enger als bei anderen, da diese nur in einem bestimmten Zeitraum ihre Wirkung entfalten und auch nur gezielte Veränderungen in der Körperchemie hervorrufen. Aber gerade da wo es kurzfristige Steigerung braucht, bieten Mittel wie Ritalin zum Beispiel eine schnelle Abhilfe. Greta Wagner hat durch ihre Forschung und durch Gespräche mit Menschen, die Psychopharmaka zur Leistungssteigerung einnehmen, eine der wichtigsten angestrebten Wirkung dieser auswendig gemacht. So sei den Konsumenten besonders daran gelegen, Motivation und Interesse zu erzeugen, besonders wenn

---

[112] (Vgl. Wagner, 2017)

[113] (Wagner, 2017, S. 35)

[114] (Wagner, 2017, S. 25)

es um die schnelle Erledigung von teils mühsamen arbeiten geht.[115] Es ist also vielfach als Hilfsmittel im Gebrauch, um besonders leistungsfähig für andere Tätigkeiten zu sein, die einen gewissen Arbeitsaufwand erfordern, der wenig attraktiv für diese Personen erscheint. Somit bildet das Neuroenhancement eine der Techniken die zur Selbstoptimierung gezählt werden können und macht nochmals die Vielseitigkeit deutlich, was unter dem Begriff der Selbstoptimierung zusammengefasst werden kann.

6.2 Fazit zum Begriff der Selbstoptimierung

Festzuhalten bleibt allerdings wo genau Selbstoptimierung beginnt, kann nicht präzise gesagt werden, genauso kann die Pluralität der Optimierungstechniken hier nicht ausreichend dargelegt werden. In der vorliegenden Arbeit soll es aber auch nicht um eine Kategorisierung gehen, die die Grenzen zur Selbstoptimierung klar definiert, als vielmehr um den erwachsenden Optimierungsimperativ und den Abhängigkeitsstrukturen des sich optimierenden Subjekts in Coaching- Beziehungen. Dabei sind in jeglicher Hinsicht die Fragen interessant, warum soll sich das Subjekt in einen gewissen Kontext oder im Angesicht einer Problemstellung optimieren. Zugleich muss kritisch hinterfragt werden, wer die Ziele und Techniken der Selbstoptimierung auswählt und festlegt. Der spezifische Fokus wird im nachfolgenden hierdrauf und auf Methoden der Selbstoptimierung im Bereich des Coachings liegen.

---

[115] (Wagner, 2017, S. 25 f.)

7 Coaching als Selbstoptimierungs- Praxis

Anknüpfend an das vorherige Kapitel kann Coaching als eine spezifische Technik zum Ziel der Selbstoptimierung, oder zumindest als anleitenden Rahmen hierzu, betrachtet werden und soll in der vorliegenden Arbeit im Fokus stehen. Das Coaching als Selbstoptimierungs- Praxis definiert werden kann, geht aus den Selbstverständnissen der Coaches und Berater*innen von ihrer Tätigkeit hervor. Bevor sich der Hauptteil im weiteren Verlauf tiefergehend mit Fallbeispielen und Anleitungen zur Optimierung eines Subjekts im Coaching beschäftigt, erfolgt nun eine Einführung in die Praxis des Coachings. Wie auch im späteren Verlauf werden hierfür die immanenten Verständnisse und Erklärungen aus der Coaching- Praxis dienen, das heißt die nachfolgenden Ausführungen stammen aus Quellen, die sich als Lehrbücher für angehende Coaches verstehen und hierfür Definitionen und Abgrenzungen liefern, sowie aus Veröffentlichungen von Coaching-Verbänden in Print- oder Onlinemedien. Wobei hier ergänzt werden muss, dass die richtige und allgemein objektive Definition, ähnlich wie beim Begriff der Selbstoptimierung, schwer zu fassen ist, obgleich parallelen in den Ausführungen zu finden sind. Die Gemeinsamkeiten sollen hierbei herausgestellt werden und somit die Möglichkeit bieten ein allgemeines Verständnis von Coaching als Praxis zu ermöglichen, auf dem diese Arbeit weiter aufbaut. Das dies schwer zu fassen ist, verdeutlichen die unterschiedlichen Erklärungen zum Bereich des Coachings, die zum einen aus dem Begriff selber abzuleiten sind und zum anderen aus der damit verbundenen Praxis stammen, denn letztendlich kann jede(r) tätige Berater*in eine andere Vorstellung und Zielsetzung mit der Arbeit des Coachings verbinden. Die Pluralität der Definitionen und Techniken die im Kontext des Coachings vorherrschen machen es nicht leicht, vergleichende Schlüsse zu ziehen die allgemein gültig für das Feld sind, auf dem diese Praxis operiert und die einheitliche Vorgehensweise zu identifizieren, die hierbei verwendet werden. Nachfolgend werden beispielhaft unterschiedliche Verständnisse von Coaching vorgestellt und analysiert, die helfen sollen ein Gesamtbild der Praxis zu vermitteln. Hierbei wurde bewusst ein eine Nachzeichnung der Entstehung und Geschichte des Coachings verzichtet, da diese wenig relevant für das Forschungsvorhaben dieser Arbeit erscheint.[116]

---

[116] (Vgl. zur Geschicht des Coachings Maasen et. al., 2011)

7.1 Selbstverständnis der Coaching- Praxis anhand verschiedenen Quellen

Abhängig davon auf welchen Bereich oder Feld Coaching stattfindet und welche Techniken hierbei verwendet werden, kann die Tätigkeit an sich unterschiedlich charakterisiert und definiert werden. Es soll nachfolgend keine historische Herleitung der Praxis des Coachings erfolgen, sondern das moderne Selbstverständnis aus Quellen innerhalb des Tätigkeitsfeldes deutlich gemacht werden. Gleichwohl ist der Begriff selbstverständlich historisch geprägt und wurde, oder wird bis heute geformt.[117]

Der promovierte Mediziner und tätige Coach, Björn Migge, definiert die Coaching-Praxis, in seinem Handbuch zu Coaching und Beratung, vereinfacht als eine „[...] gleichberechtigte, partnerschaftliche Zusammenarbeit eines Prozessberaters mit einem gesunden Klienten."[118] Also bildet Coaching für Migge erstmal einen Rahmen für eine Zusammenarbeit zwischen zwei Personen, die sich auf Augenhöhe begegnen und partnerschaftlich miteinander umgehen. Die Abgrenzung der Zusammenarbeit mit einem „gesunden Klienten" ist wichtig, wenn es um diese spezifische Form der Beratung in Abgrenzung zum Beispiel zu einer Psychotherapie geht. Hier besteht auch die Möglichkeit, dass sich der biografische Hintergrund von Migge niederschlägt, der als promovierter Mediziner durchaus ein ausgeprägtes Verständnis von Kategorien wie Gesundheit und Krankheit besitzt und dies hier einfließen lässt. Hierbei wird außerdem deutlich, dass Migge den Coach als eine(n) Berater*in charakterisiert und genauer als Prozessberater*in, der oder die also nicht willkürlich eine Beratung vornimmt sondern auf einen bestimmten Prozess abzielt, der sich meist durch eine zeitliche Begrenzung auszeichnet. Bei dieser Gleichsetzung des Coaches als Berater*in kommt die Frage auf, ob damit alle Menschen die beratend tätig sind in irgendeiner Weise, somit auch gleichzeitig Coaching betreiben. Diesen möglichen Irrtum möchte Migge vorbeugen und präzisiert im weiteren Verlauf indem er sein Verständnis der Coaching- Praxis als „[...] eine psychologisch orientierte und ziel- oder ergebnisorientierte Prozessberatung" beschreibt. Diese spezialisierte Auffassung eines Coaching-Prozesses macht deutlich, dass die angewendeten Techniken und die Zielsetzungen die damit verbunden werden, die Definition und das Verständnis maßgeblich mitbestimmen. Für Björn

---

[117] (Vgl. Traue, 2011 & Maasen, 2011)
[118] (Migge, 2014, S. 30)

Migge hat Coaching also gleichzeitig mit einer Beratung zu tun, die offensichtlich an psychologischen Methoden, Erkenntnissen und Begriffen orientiert ist und gleichzeitig immer ein Ziel oder ein Ergebnis vor Augen hat, was erreicht werden soll.

Die Person, die eine Beratung bzw. das Coaching in Anspruch nimmt, wird als Klient*in bezeichnet verrät Migge.[119] Das dies keine bindende Bezeichnung der „Kunden" von Coaches und Berater*innen ist, zeigt eine andere Perspektive und dem Verständnis der Coaching- Praxis von Maren Fischer- Epe. Die Diplompsychologin erklärt in ihrem Buch „Coaching: Miteinander Ziele erreichen", welches ein Vorwort von Friedemann Schulz von Thun besitzt und somit mit viel Autorität wirken kann, dass die Herleitung des Begriffs aus dem englischen und mit dem Wort Kutsche übersetzt werden solle und die „Kunden" eines Coaches als Coachee bezeichnet werden. Das Bild der Kutsche sei sehr zutreffend, vermittle es doch hiermit den Kern ihres Coaching Verständnisses: „Die Kutsche ist ein Hilfsmittel, ein Beförderungsmittel, um sich auf den Weg zu machen und ein Ziel zu erreichen".[120] Dieses Verständnis präzisiert sie im weiteren Verlauf und charakterisiert Coaching als „[...] eine Kombination aus individueller Beratung, persönlichen Feedback und praxisorientierten Training." Und führt sie aus, dass ein Coach mit psychologisch fundierten Trainingsmethoden arbeite, hierbei können Fragestellungen behandelt werden, „[...] die die berufliche Aufgabe und Rolle sowie die Persönlichkeit des Coachee betreffen."[121] Hierbei ist die parallele zu Björn Migge zu erkennen, der die angewendeten Coaching Methoden auch als psychologisch, fundierte Techniken bezeichnete. Dies ist aber nicht gleichbedeutend damit ist, dass jede*r Berater*in um als Coach tätig zu sein, in irgendeiner Weise eine psychologische Ausbildung absolviert haben muss. Anders jedoch als Migge erklärt Maren Fischer- Epe die „Kunden" und Empfänger von Coaching- Dienstleistungen mit dem amerikanischen Lehnwort als Coachee's und nicht als Klienten.[122] Weitere Gemeinsamkeiten, der verschiedenen Erklärungsversuche der Coaching- Praxis, ergeben sich mit der weiterführenden Definition von Maren Fischer- Epe, die damit auch weitere Formen der Beratung anspricht: „Klärungshilfe, Supervision und Coaching sind Formen von Prozessberatung, die helfen, Probleme zu lösen und Ziele zu erreichen, ohne dass

---

[119] (Migge, 2014, S. 31 f.)
[120] (Fischer-Epe, 2002, S. 16)
[121] (Fischer-Epe, 2002, S. 17 ff.)
[122] (Vgl. Migge, 2014, S. 32)

der Berater als Experte Lösungen vorgibt".[123] Sie teilt also das Verständnis von Migge, den Coach als Berater*in zu betrachten und sich auf einen Prozess zu beziehen, der in der Zusammenarbeit vollzogen werden soll. Außerdem ist hierbei eine der wichtigsten Charakterisierungen des Coaching- Prozesses zu finden, die Migge und Fischer- Epe in ihren Ausführungen teilen, nämlich der Zurückhaltung des Beraters oder der Beraterin, wenn es um die konkreten Ziele oder Lösungswege im Coaching- Prozess geht. So führt Fischer- Epe aus, dass im Coaching Prozess „[...] die Selbstverantwortung des Coachee zu jedem Zeitpunkt gewahrt [...]" bleiben muss und der Coach lediglich die Aufgabe habe, Hilfe zur Selbsthilfe zu leisten.[124] Auch bei Migge ist es zentral, dass die Absichten und Ziele der Klienten gemeinsam aufgedeckt werden, oder im besten Falle würden die Klienten diese alleine aufdecken, um anschließend eine auf den Klienten zugeschnittene Veränderung vorzunehmen, dessen Richtung alleine von diesem bestimmt würde. „Coaching bedeutet nicht, Klienten Lösungen und Ratschläge anzudrehen, die man für sie entwickelt hat [...]" präzisiert Migge.[125] Es bleibt also festzuhalten, dass die Autonomie des Subjekts im Coaching- Prozess hier hervorgehoben wird. Es habe sich nicht vorgefertigten Lösungen oder Zielen des Coaches anzupassen, sondern entwickelt diese im Idealfall eigenständig innerhalb des Beratungsprozesses. Damit ist die Hilfe zur Selbsthilfe gemeint und beschränkt die Rolle des oder der psychologisch fundierten Berater*in auf einen Wegweiser, auf der Strecke zum angestrebten Ziel. Die Strecke aber tatsächlich zu bewältigen obliegt dem Subjekt selber, das Coaching kann lediglich ein Hilfsmittel hierzu sein, um nochmal Maren Fischer- Epe's Bild der Kutsche zu benutzen, dass dem Subjekt den Weg erleichtern soll. Eine weitere Quelle die hier zur Bestimmung der Coaching- Praxis herangezogen werden soll, ist die eines deutschen Coaching- Verbandes, der sich als Zusammenschluss der tätigen Berater*innen versteht, die im eigenen Verständnis professionell und zertifiziert Coaching betreiben. Mit den Verbänden gibt es also unterstützende, institutionelle Instanzen, die ihren Mitgliedern ein Netzwerk bieten. Auf Bundesebene gibt es in Deutschland alleine 22 Verbände, die sich ausschließlich aus Coaching ausübenden Berater*innen zusammensetzen oder als Mischverbände auch Psychologen*innen und Therapeuten repräsentieren, die Coaching als Praxis ausüben.[126]

---

[123] (Fischer-Epe, 2002, S. 20; Hervorh. im Orig.)

[124] (Fischer-Epe, 2002, S. 21)

[125] (Migge, 2014, S. 31)

[126] (Coaching- Report, 2016)

Beispielhaft sei hier die Definition des Verbandes „Deutscher Bundesverband Coaching e.V." dargelegt der das Coaching als ergebnis- und lösungsorientierte Beratungsform definiert, die der Steigerung und dem Erhalt der Leistungssteigerung dienen soll. Es sei ein auf individuelle Bedürfnisse zugeschnittenen Beratungsprozess, der auch hier dazu dienen soll, dass der oder die Klient*in Probleme eigenständig zu lösen und effektive Ergebnisse zu erreichen vermag.[127] Auch hier finden wir zwar unterschiedliche Formulierungen, jedoch bleiben diese im Kern und von der „Botschaft" überwiegend deckungsgleich mit den vorangegangenen Erklärungen und Definitionen von Coaching.

Es bleibt also abschließend und verallgemeinernd festzuhalten, dass nach diesen Darlegungen unter der Coaching- Praxis ein Beratungsprozess zu verstehen ist, der von Beratern*innen begleitet wird, die psychologisch geschult sind und den (gesunden) Klienten oder Coachee dazu befähigen sollen, die in das Coaching projizierten Problemstellungen und Ziele, eigenverantwortlich zu lösen bzw. zu erreichen. Diese Definition trägt keinerlei Verbindlichkeit mit sich, soll jedoch für alles Folgende als verallgemeinertes Verständnis von der Praxis des Coachings dienen, welches auch den Anleitungsbeispielen im späteren Verlauf zu Grunde liegt. Jede Definition von Coaching als Praxis, könnte beliebig erweitert und geformt werden, je nachdem in welchen Bereich gecoacht wird und welche Techniken hierfür angewendet werden. Alles was unter die Anwendungsbereiche von Coaching fällt, kann unter den verschiedensten Gesichtspunkten eben als Selbstoptimierungs- Praxis angesehen werden, indem es darum geht innerhalb eines begleiteten Prozesses ein Ziel zu erreichen, welches eine Verbesserung verspricht in welcher konkreten Hinsicht auch immer.

Das nachfolgende Kapitel wird detaillierter auf Anwendungsgebiete eingehen und Coaching von therapeutischen Praktiken abgrenzen.

---

[127] (Deutscher Bundesverband Coaching e.V., o.D.)

7.2 Coaching- Markt und Abgrenzung zur Therapie

Wie auch schon bei der Festlegung einer Definition für die Coaching- Praxis, so fällt auf diesem Feld weiterhin auf, dass bei den Anwendungsgebieten von Coaching es unterschiedlichste Fokussierungen und Ansätze gibt. Es gibt praktisch kein Gebiet auf dem nicht gecoacht werden könnte, wenn es darum geht ein Ziel zu erreichen, ein vermeintliches Problem zu lösen oder zu optimieren. So kann sich das Coaching darauf fokussieren bestimmte Kompetenzen zu entwickeln oder auszubauen, hierzu gehören zum Beispiel die „[...] persönliche Arbeitsorganisation und das Selbstmanagement", sowie „die persönliche Motivation und Entwicklung der beruflichen Karriere", aber auch „die persönliche Gesundheit, Leistungsfähigkeit und Work- Life- Balance" schreibt Maren Fischer- Epe.[128] Diese Bereiche sind nicht nur relativ unspezifisch formuliert und spielen bei jedem Menschen, früher oder später, eine Rolle als Individuum in einer Gesellschaft, sondern variieren zwischen den verschiedenen Anbietern von Coachings. So gibt es Schwerpunktsetzungen und weitere Differenzierungen bezüglich Methoden und Anwendungsgebieten. Björn Migge unterscheidet außerdem das Praxisfeld des Business- Coachings vom „normalen" Coaching, welches sich dadurch charakterisiert, besonders im Handlungsumfeld von Organisationen eingesetzt zu werden. Auch hierbei, so schreibt Migge, gehe es um eine „[...] prozessorientierte Beratung, Begleitung und Unterstützung [...]", jedoch vorwiegend um den Personenkreis mit Führungsverantwortung oder Steuerungsfunktionen. Es handelt sich hierbei um eine Spezialisierung die besonders Führungskräfte im Fokus habe und sich inhaltlich mit der beruflichen Rolle, oder Karriere innerhalb der Organisation auseinandersetze, was auch die Möglichkeit beinhalte sich an Mitarbeiter*innen und nicht nur Führungskräfte zu wenden. Wohingegen es sich ansonsten, losgelöst von hierarchischen Strukturen und Organisationen, um Life- oder Personal Coaching handele, indem die psychologische Beratung eine Rolle spiele und andere „privatere" Lebensumstände wie die Familie, Partnerschaft, Gesundheit oder ähnliches, im Mittelpunkt stünden.[129]Auch hierbei fällt auf, dass das sogenannte Life- oder Personal- Coaching ziemlich unspezifisch jedes Thema in den Fokus rücken kann. Im besten Falle besitzt der oder die, konsultierte Berater*in, die erforderlichen Kenntnisse über das Thema, welches im Fokus des oder der Klient*in steht. Der Coach sei Experte für Gesprächs- und Beratungsmethoden und besitze zusätzliche Kenntnisse über das Themenfeld, in dem

---

[128] (Fischer-Epe, 2002, S. 20)
[129] (Migge, 2014, S. 30)

der oder die Klient*in ein Coaching wünscht, meint Maren Fischer- Epe.[130] Ob dies immer gegeben ist, lässt sich objektiv betrachtet schwer beurteilen und ist auch für den oder die Klient*in schwer zu erkennen innerhalb des Coaching- Prozesses. Immerhin verdient ein(e) Berater*in mit dem ausgebübten Coaching Geld und müsste die Klienten abweisen, die innerhalb eines Themenfeldes gecoacht werden möchten, bei dem keinerlei Vorkenntnisse vorhanden sind. So stellt sich die Frage, ob diese Voraussetzung der fundierten Kenntnisse, bei dem oder der Berater*in, in jedem Coaching- Prozess gegeben sind. Ansonsten blieben aber immer noch die erworbenen Kenntnisse der Gesprächs- und Beratungsmethoden auf die sich ein Coach verlassen kann, immerhin ist ja zusätzlich ein wichtiges Kennzeichen im Coaching- Prozess, dass der oder die Klient*in selbstverantwortlich bleibt und am besten von sich Probleme löst, oder Strategien entwickelt ein Ziel zu erreichen.[131] Bei der Pluralität potentieller Coaching- Felder ist es offensichtlich, dass ein(e) Berater*in nicht Experte*in für alle diese Bereiche sein kann, sondern Spezialisierungen erforderlich sind. Es gibt Coaches die für ihre Angebotenen Beratungen und Trainings Wanderungen und Bergbesteigerungen anbieten und dieses überwinden von schwierigen Gelände als Sinnbild für die Bewältigung anderer Probleme wählen. Wiederum andere sehen sich als spiritueller Coach, im Sinne eines Schamanen, und führen Rituale durch, um ihre Klienten von belastenden Problemen zu „reinigen".[132] Das nicht festgelegt sein auf bestimmte Beratungsmethoden und Anwendungsgebiete öffnet dieses Feld der Beratung für praktisch jeden, der sich hierzu berufen fühlt. Ein Coach kann sich jede Person nennen, da es keine geschützte Bezeichnung in Deutschland darstellt.[133] Somit bemühen sich zwar die Verbände Qualitätsstandards einzuführen oder verbindliche Ausbildungen zur Durchführung eines Coachings, aber alleine die Vielfalt an Verbänden die sich diesem Thema widmet, macht deutlich, dass es sehr schwer ist einen einheitlichen Markt für Coaching- Dienstleistungen herzustellen und zu garantieren. Stattdessen gibt es eine Unzahl von Anbietern und Dienstleistungen, die sich zur Verfügung stellen um als Coach jegliche Optimierungsprozesse mitzugestalten. Dabei wird nicht immer gleich auf den ersten Blick deutlich, dass es sich hierbei nicht um eine Form der Therapie handelt. Viele Themenfelder die im Coaching aufgegriffen werden, wie

---

[130] (Fischer-Epe, 2002, S. 21)

[131] (Vgl. Fischer-Epe, 2002, S. 21 & S. 31 dieser Arbeit)

[132] (Vgl. Hoyer & Leyendecker, 2015)

[133] (Zimmermann, 2012)

Konflikte und Probleme zu lösen, die mithilfe von psychologisch fundierten Metho-den bewältigt werden sollen, sind oftmals auf Gegenstände einer Psychotherapie. Auch Björn Migge stellt heraus, dass die Grenzen zumeist fließend sind und stellt die Behauptung auf, „[...] ernsthafte Lebenskrisen, die nur noch psychotherapeu-tisch aufzufangen sind, wären vielleicht im Vorfeld zu verhindern gewesen- durch ein gutes Coaching".[134] Dabei führt er nicht weiter aus, was ein gutes Coaching hier-bei hätte verhindern oder bewirken können, jedoch ist dies eine starke These, wenn man bedenkt, dass er hiermit Coaching als eine Art prophylaktische Maß-nahme ansieht, bei der schlimmere Fälle von Konflikten oder psychischen Proble-men verhindert werden können, sofern sie denn rechtzeitig in Anspruch genom-men wird. Migge geht noch einen Schritt weiter und bescheinigt vielen Psychothe-rapien, diese seien vielmehr Lebensberatungen und Coaching, „[...] wenn Patienten (eigentlich Klienten) nämlich nach Sinn, Ziel oder Erfüllung in ihrem Leben su-chen." Es gehe also nicht um die Heilung einer Krankheit oder ein Muss sich einer Therapie zu unterziehen, sondern „[...] beim Coaching [...] geht es um ein ,ich will', um eine Optimierung der Lebensqualität".[135] Hierbei tritt also wieder der Autono-mie Charakter des sich selbst optimierenden Subjekts hervor, der sich keiner The-rapie unterziehen muss, sondern freiwillig und aus einen freien Willen heraus für eine Beratung entscheidet, die eine Optimierung seiner Lebensqualität entspricht. Gleichzeitig spricht Migge offenbar vielen durchgeführten Psychotherapien ihre Notwendigkeit ab, indem diese oftmals und seinen Gedanken folgend, fälschlicher-weise in Anspruch genommen werden, obwohl doch ein Coaching angebrachter wäre, denn wer nach Sinn und Erfüllung im Leben suche, der habe keine behand-lungswürdige, oder gar behandlungspflichtige Krankheit. Aber diese Unterschei-dung sei heikel, denn die Definition hiervon „[...] wird nämlich rechtlich, medizi-nisch, ökonomisch und ,verbandspolitisch' immer wieder neu definiert." Dies liege nicht zuletzt daran, weil sich hier ein Verteilungskampf um zahlende Kundschaft abzeichne, schlussfolgert Migge.[136] Hier liegen also Überschneidungen vor zwi-schen den Personengruppen die sich einer Therapie unterziehen oder ein Coaching in Anspruch nehmen, wobei nicht zuletzt um diese ein Konkurrenzkampf auf dem Markt der Beratung- und Optimierungsdienstleistungen herrscht. Sofern eine Per-son nicht unter einer klassifizierten psychischen Störung leide, könne diese beides

---

[134] (Migge, 2014, S. 33)
[135] (Migge, 2014, S. 33)
[136] (Ebd.)

in Anspruch nehmen, Therapie oder Coaching, wobei die Therapie in diesem Falle keiner Therapie mehr im klassischen Sinne einer Heilung entspricht. Dies deckt sich mit den vorangegangenen und historisch hergeleiteten Aspekten der „therapeutischen Kultur" und nicht zuletzt den Fortgang in die „Optimierungskultur", bei dem auch die Psychotherapie zunehmend als Optimierungsdienstleistung anerkannt wurde. Auch wenn Coaching klar erkennbar aus dem Schoß der Psychologie, als eine Form der psychologischen Beratung, hervorgegangen ist und von dem Aufstieg, sowie Verbreitung dieser Wissenschaft profitiert hat, so wird doch ersichtlich, dass sich dies als eigenständige Disziplin und Form positioniert. Sofern der rechtliche Rahmen es also zulässt und keine Diagnosen oder Behandlungen psychischen Krankheiten angeboten werden und Heilkunde ausgeübt wird, kann ein Coach arbeiten wie er möchte.[137]

7.3 Fazit: Betrachtung der Coaching- Praxis als Selbstoptimierung

In den vorausgegangenen Kapiteln sollte deutlich gemacht werden, wie undurchsichtig und verworren das Feld des Coachings ist. Da es nur vereinzelnd rechtliche oder normative Rahmen zur Handlungsanleitung im Coaching gibt, ergeben sich heraus eine unüberschaubare Zahl an Dienstleistungen die als Beratung bzw. Coaching auf dem Markt für Optimierungsdienstleistungen operieren. Nach dem hier exemplarisch vorgestellten Selbstverständnis von Akteuren, innerhalb des Feldes der Coaching- Praxis, besitzt diese Form der Beratung das Potenzial, als Handlungsanleitender Rahmen der Optimierung des Subjekts, Hilfestellung zu leisten und dieses zu begleiten, wobei die herausgestellte Verantwortung immer in den Händen des sich optimierenden Subjekts liegen soll. Es wird als eine Art der Hilfe zur Selbsthilfe verstanden und lässt immer Spielraum zwischen der Wirksamkeit des Coachings und der Verantwortung eines Coaches. Dieser soll zwar als Experte auf dem Gebiet der Optimierung den Überblick haben, aber keinerlei Erklärungen oder Verständnisse aufdrängen und vorwegnehmen. Ein Coach ist, nach dem hier dargelegten Verständnis, nur der Wegbereiter für ein sich optimierendes Subjekt und liefert Anregungen und Techniken hierzu.

Die hier dargelegten Verständnisse, vom Coaching als Praxis, haben diese als psychologisch fundierte Beratungsform dargestellt, obgleich dies kein zwingendes Kriterium hierfür ist. Die Ausbildung zum Coach wird von vielen, meist privaten

---

[137] (Zimmermann, 2012)

Institutionen angeboten, die selbst finanziert werden müssen und somit unter wirtschaftlichen Druck stehen. Hierbei besteht jedoch keine einheitliche Leitlinie die der Ausbildung die Richtung weist, vielmehr setzt jede Ausbildungsform eigene Schwerpunkte, sowie die späteren Anbieter*innen von Coaching- Dienstleistungen dies auch tun. Hier konnte nur exemplarisch und eine weitestgehend kurze Einführung in die Thematik des Coachings erfolgen, wobei sich ein genauerer Blick in jedem Falle lohnen würde. Eine wissenschaftliche Perspektive auf die Techniken und Methoden des Coachings insgesamt, hat immer mit den Schwierigkeiten zu kämpfen, dass häufig keine verallgemeinerbaren Aussagen zutreffen sind und viele Coaches, sowie Institute sich nicht über die Schulter schauen lassen, was die Ausübung ihrer Praxis angeht.[138] Außer den festgesetzten rechtlichen Rahmen und die Beschränkungen der Ausübung der Heilkunde für Psychotherapeuten, operieren Coaches und Therapeuten auf einem Feld, welches große Schnittmengen aufweist. Dies ist auch nicht verwunderlich, denn in der „Optimierungskultur" stehen Anreize und Motivationen zur Selbstoptimierung im Vordergrund und treffen auf „auteronome" Subjekte, die diese Bereitwillig aufnehmen. Damit wird Beratung zum Zweck der eigenen Optimierung, zu einem Geschäft dem sich nicht nur „klassische" Berufsgruppen, wie Psychologen oder Therapeuten immer mehr verschreiben, sondern bringt eben eine Vielzahl anderer Berufsgruppen zum Vorschein, die sich als Animateure zur Mobilisierung der Selbstoptimierung verstehen.

---

[138] (Vgl. Hoyer & Leyendecker, 2015)

8 Das „auteronome" Subjekt im Coaching

Das sich Coaching als Beratungs- und Optimierungspraxis etablieren konnte setzte den, immer noch andauernden, kulturellen Wandel von der „therapeutischen Kultur" zur „Optimierungskultur" voraus und kann u.a. als Ergebnis des Wandels betrachtet werden. Dieser Wandel zu heutigen „Optimierungskulturen" brachte, wie bereits angesprochen, eine bestimmte Subjektivierungsform zum Vorschein, die nach Straub als das „auteronome" Subjekt bezeichnet werden kann. Dies zeichne sich unter anderem durch eine verinnerlichte Struktur der Autonomie aus, die maßgeblich durch die Humanistische Psychologie geprägt wurde und jegliche Abhängigkeiten zu anderen Personen untersagt, Selbstbestimmung und Selbstverwirklichung oktroyiert, sowie sich in jeder Hinsicht von auferlegten Zwängen und Regeln freizusprechen. Zuweilen sind diese Subjekte gar als egoistische Unternehmer ihres Selbst unterwegs und instrumentalisieren Beziehungen zu anderen Menschen, insofern sie ihren eigenen Zielen nützen. Selbstaktualisierung und Selbstoptimierung stehen im Mittelpunkt für „auteronome" Subjekte und diese werden ständig hierzu motiviert und angehalten innerhalb der „Optimierungskultur". Es ist die Struktur der Selbstverantwortung und Selbstständigkeit die den Subjekten auferlegt wird und gleichzeitig das Einbinden in psychologische Anleitungen und Mobilisierungen, sowie die damit verbundene Abhängigkeit hiervon, die das „auteronome" Subjekt auszeichne.[139] Genau diese Struktur des paradoxen Selbstverhältnisses des „auteronomen" Selbst, lässt sich auch in der Coaching- Praxis auswendig machen und manifestiert diese zusätzlich. Wie im Kapitel über das Selbstverständnis des Coachings deutlich wurde, gilt auch innerhalb jeden Coaching- Prozesses die Selbstverantwortung, des Subjekts, immer und muss unbedingt aufrechterhalten werden. Der Coach biete nur eine Hilfe zur Selbsthilfe und darf keine Maßnahmen oder bestimmte Richtungen aufzwängen. Er biete die erforderlichen Hilfsmittel auf dem Weg zu einem Ziel. Zugleich jedoch versteht sich die Coaching- Praxis auch als motivierende und anleitende Beratungsform. Sollte sich das optimierungswillige Subjekt selber noch im Unklaren darüber sein, welche Ziele, Wünsche oder Absichten es selber in sich trägt, so habe der Coach die Aufgabe, indirekt diese gemeinsam mit dem Subjekt aufzudecken. Damit diese im nächsten Schritt gemeinsam erreicht werden können, aber immer nur in die Richtung die das Subjekt bestimme und mittrage.[140] Dieses Selbstverständnis enthält in sich das Paradox der

---

[139] (Straub, 2013, S. 25)
[140] (Migge, 2014, S. 31)

Struktur des Selbstverhältnisses des „auteronomen" Subjekts und manifestiert dieses. So wird dem im Coaching befindlichen Subjekt jederzeit eine Eigenverantwortung zugesprochen, jedoch unter bestimmten Bedingungen greift der oder die Berater*in einflussnehmend ein. Gewissermaßen sind die „auteronom" subjektivierten Subjekte eine Grundvoraussetzung für einen Coaching- Prozess. Da genau diese das Verständnis verinnerlicht haben, ständig die Verantwortung für sich als Subjekt zu tragen und nie die Kontrolle über sich abzugeben an einen Coach oder Berater*in. Gleichzeitig verspricht sich das Subjekt von diesen Personen Hilfe und Orientierung, sowie es angeratene Methoden und Techniken anwendet, zum Zweck der Selbstoptimierung. Dies soll nachfolgend deutlich werden, indem Beispiele aus Coaching- Handbüchern dargelegt werden und anschließend einer Betrachtung unterzogen, inwiefern das „auteronome" Subjekt hier Eigenverantwortlich konstituiert bleibt und wie der oder die Berater*in anrät ein bestimmtes Ziel zu erreichen. Es ist außerdem von Bedeutung, da es sich um Material aus Handbüchern handelt, die angehende Berater*innen zum Zwecke ihrer Ausbildung zu einem Coach gebrauchen sollen, wie diesen angeraten wird zu handeln und welche Techniken zu welchem Optimierungszweck des oder der Klientin angewandt werden sollen.

8.1 Anleitungsbeispiel Nr. 1 aus der Coaching- Praxis: „Zukunftsentwürfe"

8.1.1 Der perfekte, zukünftige Zustand des Subjekts

Das nachfolgende Beispiel aus der Coaching- Praxis umfasst Gesprächssequenzen, sowie Anleitungen zur Ausgestaltung des Coaching- Prozesses. Hierbei handelt es sich um ein Beispiel, welches aus dem hier bereits verwendeten Buch von Maren Fischer- Epe stammt. Das Szenario des Coaching- Prozesses ist bei dem vorliegenden Beispiel so gestaltet, dass es dem oder der Klient*in helfen soll einen Zukunftsplan zu entwickeln und „[...] gewohnte Denkmuster zu überwinden und Zugang zur eigenen Intuition zu finden". Es handelt sich also um ein Bereich der als Life- oder Personal Coaching eingeordnet werden kann und einen Menschen helfen soll, Vorstellungen und Ziele für die Zukunft zu entwickeln. Zunächst gebe es einige Rahmenbedingungen zu schaffen, wie den zeitlichen Horizont des Zukunftsentwurfs festzulegen und alle Bereiche des Lebens einzubeziehen. Maren Fischer- Epe erzählt hierbei aus der Ich- Perspektive und nutzt für die Entwicklung des Zukunftsplans, für den oder die Klient*in, die Methode der „Gedankenreise", die sie mit ruhiger Stimme und in meditativer Atmosphäre durchführe. Dabei betont sie die

Anerkennung der Eigenverantwortung und Selbstständigkeit des Subjekts im Prozess: „Die Formulierungen wähle ich so, dass sie für den Coachee jederzeit nachvollziehbar bleiben und er sich aus verschiedenen Angeboten aussuchen kann, was für ihn passt." [141] Es sollen also dem Subjekt Angebote unterbreitet werden, die er sich auf dieser „Gedankenreise" aussuchen kann und obwohl Fischer- Epe hiermit die Autonomie des Subjekts anspricht, beinhalten die vorgegebenen Angebote, unter denen der oder die Klient*in (in ihrem Sprachgebrauch „Coachee" genannt) auswählen kann, bereits eine Einschränkung der Entscheidungsfreiheit des Subjekts. Die Angebote werden eben zur Auswahl vorgelegt und nicht selbst vom Subjekt entwickelt. Hier findet sich also bereits eine paradoxe Struktur der angekündigten Autonomie des Subjekts und gleichzeitig eine Einschränkung der gleichen, durch die von dem Coach vorformulierten Angebote für die Entwicklung von Zukunftsentwürfen. Auch die Wortwahl in der Beschreibung dieser Technik verrät hier immer wieder, dass es sich um eine „Anleitung" handele, deren Empfänger der Coachee sei. Nachfolgend findet sich ein Script wieder, welches das Subjekt in einen „[...] entspannten Zustand frei schwebender Aufmerksamkeit [...]" versetzen solle. Mit den nachfolgenden Anweisungen, soll das Subjekt eine Zukunftsvision von sich imaginieren und bestimmte Bilder von sich selbst entstehen lassen, wobei die Rahmenbedingungen durch die Anleitung festgelegt werden (die mehrfachen Punkte zwischen den Anweisungen zur Imagination stellen Gesprächspausen da):

> „[...] alles ist genauso geworden, wie Sie es sich gewünscht haben ... Sie leben genauso, wie es für Sie stimmt ... Sie tun genau das Richtige [...] ... Ihre Kräfte und Kompetenzen, Ihre Stärken und Potenziale können sich voll entfalten ... Sie fühlen sich sicher und lebensfroh...[...]"[142]

---

[141] (Fischer-Epe, 2002, S .171)
[142] (Fischer-Epe, 2002, S. 172)

Hier wird also das Subjekt zu einer durchweg positiven Imagination seiner Zukunft, seines zukünftigen Ichs, wenn man es so formulieren möchte angehalten, welches sich in dem zeitlich festgelegten Horizont befindet. Im nächsten Schritt soll sich der Coachee, innerhalb des gerade positiv aufgestellten Rahmens seiner Zukunft, auf spezielle Bereiche in seinem Leben konzentrieren und diese für seine Zukunft imaginieren: „Wie wohnen und leben Sie jetzt?... Mit welchen Menschen sind Sie zusammen?...Was gibt Ihren Leben Sinn?...[...] Wie hat sich Ihre berufliche Situation verändert?.“ Neben diesen Fragen zur Hilfe der konkreten Imagination, gibt es auch Anweisungen die das Subjekt auf bestimmte Handlungen seines zukünftigen Ichs beziehen soll: „[...] Wie pflegen und erhalten Sie Ihre Gesundheit und Ihre Leistungsfähigkeit?... Was tun Sie dafür, das Sie sich seelisch ausgeglichen und reich fühlen?[...]“.[143] Diese Art der Anleitung hat einen sehr suggestiven Charakter, insofern das die Vorstellungen des Subjekts auf bestimmte Bereiche gelenkt werden und geht sogar so weit, es wie selbstverständlich zu nehmen, dass sich das Subjekt in der eigenen imaginierten Zukunft „pflegen“ solle und dafür zu sorgen habe, dass die eigene Leistungsfähigkeit erhalten bleibt. Das Subjekt kann sich hierbei zwar autonom und eigenverantwortlich ein zukünftiges Ich imaginieren, jedoch nur in dem hier vorgegebenen Rahmen des Coaches und erhält hierbei richtungsweisende Anleitungen Sorge um sich selbst zu tragen, indem die Gesundheit gepflegt werden müsse und die Leistungsfähigkeit als wichtig herausgestellt wird. Es entsteht hierbei der Eindruck, als habe Maren Fischer- Epe als anleitende Beraterin in diesem Prozess, eine eigene Vorstellung des Zukunftsentwurfs die sie auf den Coachee durch ihre Anleitungen überträgt. Dadurch das sie vorher den Grundzustand der Imagination festgelegt hat, indem das Subjekt so lebe wie es sich das wünscht und voll seine Stärken und Potenziale ausleben könne und damit verbindet, dass in dieser vorgestellten Zukunft bestimmte Bereiche wichtig sind, oder dieser Zustand durch Bearbeitung dieser Bereiche hergestellt werden könne. Eine Veränderung des beruflichen Umfelds wird hier angesprochen, obwohl eingangs nicht definiert wurde, ob das berufliche Umfeld überhaupt Teil des Coaching- Prozesses hätte sein sollen. Genauso spielen die eben angesprochenen Bereiche der Gesundheit und Leistungsfähigkeit eine Rolle und werden somit unweigerlich mit dem imaginierten, „perfekten“ Zustand kombiniert, indem das Subjekt vollends zufrieden scheint.

---

[143] (Fischer-Epe, 2002, S. 172 f.)

8.1.2 Ziele des Subjekts werden definiert

Nachdem der Coachee sich durch die Anleitung konkrete Vorstellungen seiner Zukunft gemacht hat, besteht nun der nächste Schritt für den Coach darin konkrete Ziele daraus abzuleiten. Hierzu erklärt Maren Fischer- Epe: „Nach der angeleiteten Selbstbesinnung bitte ich den Coachee, mir von seiner Reise zu erzählen und mit mir gemeinsam mögliche Ziele zu formulieren, die in der Vision enthalten sind."[144] Auch in diesem Schritt werden Strukturen deutlich, die eine paradoxe Struktur, im Coaching- Prozess, zwischen Klient*in und Berater*in deutlichen machen. Hier ist die Rede von einer „angeleiteten Selbstbesinnung", die eben nicht durch das Subjekt eigenständig und selbst ausgeführt wird, sondern es hierzu eine Anleitung braucht um sich auf seiner selbst besinnen zu können, oder sich seines Selbst gewahr werden zu können (Wie möchte ich leben? Was möchte ich in Zukunft tun?). Die möglichen Ziele, die der Coachee, äußert werden damit im nächsten Schritt vom Coach auf einer Flipchart notiert, wobei darauf geachtet werden müsse, dass diese in der Ichform formuliert werden und in der Sprache des Coachee geschrieben seien, erklärt Fischer- Epe. Diese Ziele müssen darüber hinaus selbst erreichbar und konkret messbar sein. Auch hier ist die Rolle des Coaches unabdingbar, indem der oder die Berater*in die Ziele des oder der Klient*in in Worte nochmals verschriftlicht. Das diese hierbei in der Sprache des oder der Klientin*in geschrieben sein müssen birgt den Widerspruch der Anforderung in sich, dass der oder die Klient*in diese Ziele auch selber hätte aufschreiben können in seinen eigenen Worten, ohne den Coach als „Mittelsmann" hierfür zu gebrauchen. Die Art und Weise wie die Ziele formuliert sein müssen, legen Beschränkungen auf die Ausgestaltung dieser. So heißt es diese müssen konkret messbar sein, dürfen also nicht einfach nur abstrakt sein wie z.B. die Gesundheit zu verbessern, glücklicher zu werden, oder sich selbst zu verwirklichen. Hierbei tritt die Ergebnis- und Zielorientierung zum Vorschein, die bereits im Vorfeld dieses Kapitels als charakteristische Eigenschaft eines Coaching- Prozesses identifiziert wurde. Auch der Punkt der Selbsterreichbarkeit spielt hier eine Rolle, denn das als „auteronom" festgelegte Subjekt, hat sich seiner Selbstwirksamkeit zu vergewissern und dass es beim erreichen seiner Ziele am besten keine weitere Hilfe in Anspruch nehmen solle, obgleich das formulierte Ziel erst durch die Hilfe eines externen Coaches zustande gekommen sein mag.

---

[144] (Fischer-Epe, 2002, S. 173)

8.1.3 Welches Ziel soll das Subjekt verfolgen?

Die mit Beteiligung des Coaches festgeschriebenen Ziele werden dahingehend im nächsten Schritt unterteilt, welche konkret sich der oder die Klient*in in Zukunft vornehmen möchte. Schließlich ist die Zielorientierung wichtig für den Coaching-Prozess und bestimmt nicht zuletzt auch den Erfolg des Beratungsprozesses mit. Bei der Auswahl der zu verfolgenden Ziele, steht auch hier das „auteronome" Subjekt nicht alleine dar, so schreibt Maren Fischer- Epe in ihrer Rolle als Beraterin: „Ich ermutige [...], sich nur die Ziele wirklich vorzunehmen, die er mit Sicherheit auch in einem Jahr noch mit Energie verfolgen möchte [...]".[145] Eine Intervention, von Seiten des Coaches, ist also auch hierbei vorhanden und sieht das Subjekt hier Selbstverantwortlich für die Auswahl, was an sich einen Autonomie Zugewinn darstellt, allerdings wirkt auch hier eine temporäre Einschränkung von einem Jahr. Für Zielsetzungen die längerfristig zu betrachten wären, besteht hierbei kein Platz, obwohl der zeitliche imaginierte Horizont des sich optimierenden Selbst, auch fünf oder zehn Jahre in der Zukunft liegen könnte, aber das hier ausgewählte Ziel in einem Zeithorizont von einem Jahr selbst erreicht werden müsse. Alle anderen Ziele, Wünsche und Vorstellungen verbleiben nach dem Ratschlag des Coaches auf einer Visions- oder Wunschebene, also auf einer Art metaphysischen Ebene die keiner weiteren Betrachtung bedarf. Hierbei so Maren Fischer- Epe müsse das Subjekt darauf vertrauen, dass „[...] motivierende innere Bilder und Wünsche auch von selbst ihre Kraft entfalten können."[146] Die in einem Jahr realisierbaren Ziele und Wünsche des oder der Klient*in bedürfen also einer klar verfolgbaren Strategie im Coaching und suggeriert, dass die anderen Ziele weniger wichtig erscheinen, weil diese nicht innerhalb eines Jahres realisierbar sind. Diese werden einer Art mystischen Kraft innerer Bilder und Wünsche übergeben, die für die Erfüllung dieser sorge, worin diese Kraft allerdings besteht darauf geht Maren Fischer- Epe nicht genau ein.

---

[145] (Fischer-Epe, 2002, S. 173)
[146] (Fischer-Epe, 2002, S. 173)

8.1.4 Fazit: Auswahl der „eigenen" Ziele

Nachdem auch diese Stufe der Auswahl der Ziele genommen ist, wendet sich der Coach gemeinsam mit dem oder der Klient*in der Umsetzung zu. Auch hier schreibt Fischer- Epe gehe es um die Ziele „[...] für die sich der Coachee entscheidet [...]" und betont auch hiermit die selbstständige Auswahl der Ziele des Subjekts im Coaching- Prozess. Wie bereits in den voran gegangen Schritten und deren Analyse angeklungen ist, sind die Ziele und Wünsche nicht in dem Maß autonom und selbstständig gewählt, wie der Coach das im Selbstverständnis des Prozesses beschreibt. Viele Interventionen und Beschränkungen sind dem Subjekt auferlegt worden, indem von zeitlichen Begrenzungen die Rede war, in deren die zu verwirklichenden (selbstgewählten) Ziele liegen dürfen. Durch die Einleitung zur Imagination des Zukunftsentwurfes, wurden bestimmte Bereiche angesprochen die bereits mit suggestiven Formulierungen gefüllt waren (Wie hat sich die berufliche Situation verändert? Was machen Sie um gesund und Leistungsfähig zu bleiben?). Dies wird vom Coach, zumindest in der Schilderung aus dem „Lehrbuch", nicht reflektiert in dieser Situation. Die Wirksamkeit dieser angewendeten Technik kann nicht beurteilt werden, steht jedoch auch nicht in Frage innerhalb dieser Arbeit. Es ist durchaus möglich das diese Form der Anleitung dazu führt, dass Subjekte Ziele verfolgen und erreichen können, die Auswahl jedoch unter Bedingungen stattfand, die reflektiert werden müsste. Nachfolgend soll nun ein weiteres Beispiel aus der Coaching- Praxis dargestellt werden und stammt aus einem Bereich, der als Mischung aus Life- und Business- Coaching angesehen werden kann und nochmals eine andere Vorgehensweise im Beratungsprozess darstellt.

8.2 Anleitungsbeispiel Nr. 2 aus der Coaching- Praxis: Das „eigentliche" Thema finden

Nachdem im vorherigen Beispiel eine Falldarstellung genutzt wurde, im Kontext der Herstellung eines Zukunftsentwurfs für eine(n) Klient*in, soll nachfolgend eine allgemeine Anleitung für angehende Berater*innen dargestellt werden, wie im Coaching die „eigentlichen" Ziele des Subjekts herauszufinden sind, die im Coaching- Prozess bearbeitet werden sollen. Im letzten Kapitel stand das Ziel im groben fest, einen Zukunftsplan für das Subjekt zu entwerfen und mögliche Handlungs- bzw. Optimierungsfelder auswendig zu machen. Die nachfolgende, dargestellte Anleitung zur Coaching- Praxis soll dafür genutzt werden, das Selbstverständnis und die Rolle des Coaches im Beratungsprozess der Zielfindung zu analysieren, sowie die Stellung des Subjekts innerhalb des Prozesses zu untersuchen. Im

Mittelpunkt steht hier die Orientierungs- oder Kontaktphase, wie sie in dem betrachteten Handbuch von König und Volmer genannt wird. Es gehe hierbei um eine positive, erste Kontaktaufnahme und um die Klärung der Ziele des oder der Klient*in. Der Coach wirke bereits in diesen Phasen nicht besonders durch Methoden, sondern zumindest genauso durch seine Person, die authentisch zu sein habe und den Coachee unterstütze „[...] sich selbst besser zu verstehen.“[147] Es wird also wieder das Bild eines, „Hilfe zur Selbsthilfe“, anleitenden Coaches konstruiert, der helfe dem Subjekt einen Zugang zu sich selbst zu finden, der ohne diese Hilfe womöglich versperrt bliebe. Für angehende Coaches gelte eine gute Vorbereitung auf das Coachinggespräch als unabdingbar, nach der ersten Kontaktaufnahme und der Auftragsklärung. Es müsse ein Plan erstellt werden, der Themen für das Coachinggespräch festlegt, aber zugleich müsse der angehende Coach offen sein für alle neue Themen die aufkommen könnten. Es geht also darum bereits eine Art „Fahrplan“ zu entwickeln in welche Richtung verschiedenen Themen, die das Subjekt im Coaching betreffen, bearbeitet werden können. Zugleich wird auch hierbei betont „[...] der Coachee entscheidet, was für ihn wichtig ist, nicht Sie als Coach!“.[148] Die Richtung und das Thema werden im Coaching- Prozess also maßgeblich und autonom vom Subjekt bestimmt, betont dieser Ausruf und deckt sich mit den schon dargelegten Verständnissen des selbstverantwortlichen Subjekts im Coaching. Dies trifft jedoch nur insofern zu, als das das Subjekt sich auch im Klaren darüber sein muss, was genau mit dem Coaching verfolgt werden soll. Das Lehrbuch rät hierbei zu Geduld und Verständnis von Seiten des Coaches denn „[m]eist braucht der Coachee etwas Zeit, um zum eigentlichen Thema zu kommen. Er muss erst ‚ankommen‘“.[149] Dem Subjekt wird also durchaus die Selbstbestimmung der Themen und Ziele im Coaching zugesprochen, jedoch die Fähigkeit abgesprochen diese Ziele nicht klar artikulieren zu können und er müsse erst in der Situation „ankommen“. Die letztendliche Festlegung des Ziels im Coaching sei besonders im ersten Gespräch eine heikle Angelegenheit, denn hier entscheidet sich oftmals die Zukunft der künftigen Coaching- Beziehung und ob eine stattfindet. Es gehe darum, dass der Coach seine Kompetenzen aufzeigen könne und der Coachee „[...] schnell einen ersten Erfolg hat“. Das Ziel des ersten Gesprächs solle somit ein ersten „Quick Win“ für das Subjekt ermöglichen. Dabei ginge es eher um sachliche Themen, da die

---

[147] (König & Volmer, 2009, S. 49)
[148] (König & Volmer, 2009, S. 51)
[149] (Ebd.)

Beziehung noch nicht soweit aufgebaut sei, dass z.B. die Persönlichkeit des oder der Klient*in thematisiert werden könne.[150] Der hier angeführte „Quick Win" soll also wie eine Art Bestätigung der Wirksamkeit des Coachings wirken, wobei nicht ausgeführt wird warum dieser so wichtig sei (befürchtet man der oder die Klient*in könnte die eigene Motivation oder die Sinnhaftigkeit des (bezahlten) Coachings bezweifeln?). Oftmals führe der Coachee bereits im ersten Gespräch Ziele an, die nicht innerhalb der Sitzung erreicht werden können, sondern als Prozessziele beschrieben werden, die „[...] der Coachee nach Abschluss eines längeren Prozesses erreichen möchte [...]". Es wird also Wert daraufgelegt, dass Ziel eines jeden Gesprächs festzulegen und das übergeordnete Ziel des Coaching- Prozesses zu „zerlegen" in einzelne Teilziele, die jeweils während der Gespräche erreicht werden können. Hierbei nimmt ein Coach die zentrale Rolle ein, so formuliert das Lehrbuch an die Leser*innen und zukünftigen Berater*innen gerichtet: „Ihre Aufgabe als Coach ist es, auf jeden Fall das Coachingziel (also das konkrete Ziel dieser Sitzung) zu klären. Wenn der Coachee zunächst nur Prozessziele nennt, müssen Sie ihn zum eigentlichen Coachingziel führen."[151] Der Coach ist also in seiner anleitenden und bestimmenden Rolle aktiv, um das Subjekt zu „führen" und aus den übergeordneten Zielen, kleine Teilziele zu formulieren die dann einen „Quick Win" in dem Gespräch hervorrufen sollen. Hier findet sich die bereits angesprochene Struktur des Verhältnisses von Coach und „auteronomen" Subjekt wieder, die das Subjekt in die vom Coach und seiner Anleitung abhängige Beziehung bringt. Obgleich das Subjekt seine Ziele darlegt, müssen diese für den Coaching- Prozess umformuliert werden in kleinteilige Ziele, damit sich ein Fortschritt einstellen kann. Ob diese Methode hilfreich ist oder nicht kann in diesem Falle, sowie im vorherigen Beispiel nicht beurteilt werden, gleichwohl findet man hier den Charakter einer ‚auf das autonom dargestellte Subjekt, einwirkenden Form von Abhängigkeit. Nachdem also gemeinsam die einzelnen Ziele und Prozessziele auswendig gemacht wurden, geht es an die Festsetzung der Rahmenbedingungen für das weitere Vorgehen, auf das hier nicht näher eingegangen wird. Eine Bemerkung im Handbuch, soll jedoch noch dargelegt werden, so relativieren König und Volmer den Prozess des Coachings und legen die Verantwortung für den letztendlichen Ausgang in die Hände des Subjekts: „Coaching ist Unterstützung bei der Lösung des Problems; das Problem bleibt beim Coachee, der Coach nimmt ihm die Entscheidung nicht ab."

---

[150] (König & Volmer, 2009, S. 52)
[151] (König & Volmer, 2009, S. 53)

Einerseits ist das Subjekt also abhängig von den Methoden und Techniken des Coaches, die ihm dabei helfen seine Ziele zu erfüllen, zu formulieren und Probleme zu bewältigen, aber auf der anderen Seite liegen die letztendliche Erfüllung und die Bewältigung beim Subjekt, dass alleine und ohne Zutun des Coaches seine Entscheidungen treffen müsse.

8.3 Fazit: Untersuchte Praxisbeispiele aus dem Coaching

Durch die hier betrachteten Beispiele ist besonders deutlich geworden, dass eine Besonderheit die diese Art von Beratungsprozess in sich trägt, immer eine Art der subjektiven Einflussnahme, auf ein anderes Subjekt enthält. Dies geschieht in Form von Anleitungen, Ratschlägen oder Techniken, die als Interventionen oder Manipulationen aufgefasst werden können. Anders als beispielsweise bei der Einnahme von chemischen Substanzen zum Zweck der Leistungssteigerung, wie beim hier kurz vorgestellten Neuroenhancement, wirkt im Coaching- Prozess keine objektive „Substanz", die bestimmte Wirkungen in der Körperchemie entfaltet, sondern immer eine subjektiv geprägte Form von Techniken und Methoden die auf den oder die Berater*in zurückgehen. Damit müsse man offen und ehrlich umgehen, fordert der Coach Björn Migge: „Es ist erforderlich, verändern zu wollen, und es ist ehrlich, das auch zu sagen". Er führt außerdem aus, „[m]anipulative Elemente müssen nicht bei jeder Mikrointervention thematisiert werden. Als Berater übernehme man die Führung und gestaltet den Beratungsprozess aktiv."[152] Einerseits also erfordert der Coaching- Prozess Ehrlichkeit von dem oder der Berater*in, andererseits ist es quasi im Selbstverständnis eines Coaches enthalten, dass die Führung übernommen wird und der Prozess aktiv gestaltet werde, wobei nicht jede „Mikrointervention" als Manipulation angesprochen und thematisiert werden müsse. Hierbei sollte jedoch durchaus kritisch hinterfragt werden, was als „Mikrointervention" gilt und ob jede(r) Berater*in hiervon das gleiche Verständnis hat, ob diese nun als Manipulation oder Einflussnahme auf das Subjekt gilt und ob dies angesprochen werden muss oder nicht. Geschieht dies nicht, so ist das „auteronome" Subjekt nicht selbstverständlich in der Lage eine Einflussnahme als solche zu identifizieren und somit eine Richtung in die der Coaching- Prozess sich bewegt, auch korrigieren zu können falls nötig. Dies wird dem Subjekt jedoch als Basiskompetenz zugesprochen und darauf verwiesen, es sei während des Beratungsprozesses Selbstbestimmt und letztendlich für den Ausgang verantwortlich. Ein Coach sei nur bemüht

---

[152] (Migge, 2014, S. 55)

auf dem Weg zum Ziel, welches von dem Subjekt bestimmt würde, Hilfestellung zu leisten. Es seien also weitgehende Einflussnahmen dadurch ausgeschlossen. Was das „auteronome" Subjekt jedoch auszeichnet, ist die Annahme sich als vollends Autonom und Selbstbestimmt zu begreifen, obwohl eine gewisse Struktur der Abhängigkeit, oder zumindest des unreflektierten Befolgens von Anweisungen, im Coaching- Prozess geschieht. Es begreift sich selbst als autonom handelndes Subjekt und steht jedoch gleichzeitig in einer Abhängigkeitsstruktur, die der Beratungsprozess des Coachings an sich darstellt. Coaching als Form oder Rahmen einer anleitenden Selbstoptimierung braucht diese „auteronomen" Subjekte als Voraussetzung zur Durchführung. Denn ohne die Konstruktion der „Auteronomie" würde das Subjekt sich nicht als Selbstständig und eigenverantwortlich begreifen, was zur Folge hätte jede Art von Beratung oder Coaching- Beziehung würde als eine manipulative, auf das Subjekt einwirkende Form eines Prozesses betrachtet werden, gegen das sich die Subjekte wehren, weil sie jegliche Abhängigkeitsstrukturen vermeiden. Sie wollen sich eben nicht abhängig machen von Berater*innen und Coaches und tun es doch, weil sie dabei das Gefühl vermittelt bekommen und die „auteronome" Struktur verinnerlicht haben, dass Sie noch frei, selbstbestimmt und selbstverantwortlich sind. Wenn ein Subjekt genauso konstituiert wäre, wie es die „Optimierungskultur" verlangt und Berater*innen und Coaches das auch in den Coaching- Prozessen sehen, nämlich ständig Selbstverantwortung und Selbstständigkeit zu übernehmen, dann könnte ein Coaching- Prozess schwerlich stattfinden, der genau darauf ausgelegt ist das die Subjekte diese Eigenschaften ihres Selbst ablegen, für den Zeitraum des Coachings. Ein selbstverantwortliches und selbstbestimmtes Handeln zeichnet sich unter anderem durch Reflexion und hinterfragen aus. Konkret auf das Beispiel im Coaching müsse dies heißen, was legt der Coach für mich als Subjekt fest? Welche Annahmen stehen dahinter? Welchen Zweck befolgen die Anleitungen und was bewirken diese bei mir als Subjekt? Diese selbstkritisch und hinterfragende Einstellung würde ein Coaching sehr kompliziert machen und ein Subjekt, muss sich darüber im Klaren sein, dass jegliche Form, dieser Beratungsdienstleistung des Coachings, auch ein Geschäft für den Anbieter ist und nicht zuletzt Geldeinnahmen verspricht. Das problematische an diesen Optimierungsdienstleistungen in Form eines Coachings, ist die häufig nicht thematisierte und unreflektierte Art und Weise eines Coaches mit Anleitungen und Ratschlägen umzugehen. Dieser ist sich häufig seiner Einfluss nehmenden Rolle bewusst und trägt dies auch im Selbstverständnis mit, jedoch gehen die Berater*innen immer noch von einem vollständig autonomen Subjekt aus, welches ihm gegenübersteht. Eine fehlende Standard- Richtlinie und Handlungsrahmen für Coaching- Prozesse macht es schwierig ein allgemeines Urteil über Methoden und Anleitungen zu fällen, jedoch konnte mithilfe der hier gemachten Betrachtungen gezeigt werden, dass es viele paradoxe Strukturen gibt, die wenig hinreichend und selbstkritisch erfasst werden. Das Subjekt sei für die Entscheidungen und letztendlich den Ausgang des Coaching- Prozesses maßgeblich eigenverantwortlich, was das Verständnis des Coaches als Helfer zur Selbsthilfe unterstreichen soll. Häufig ist jedoch nicht nur eine Hilfe zur Selbsthilfe geboten, sondern es wird aktiv eine „Hilfe" angewendet die das Subjekt eben nicht mehr selbstbestimmt und kontrolliert ausführt. Es ist in vielerlei Hinsicht abhängig von den Anleitungsmethoden, die maßgeblich die Wirksamkeit des Prozesses mitbestimmen können, ohne hierbei großen Einfluss zu haben, denn der oder die Berater*in ist in diesem Fall der oder die Expert*in und trifft die Auswahl, was subjektiv am hilfreichsten und wirksamsten erscheint. Natürlich spielt hierbei Macht eine große Rolle, je nachdem in welche Form sich ein Coach begreift und welchen Einfluss er sich im Coaching- Prozess zugesteht, wobei keine widrigen Absichten oder ähnliches unterstellt werden können. Coaching ist eine moderate Form einer Beratungs- oder Optimierungsdienstleistung, jedoch mit der paradoxen Struktur der Eigenverantwortlichkeit der „auteronom" konstruierten Subjekte. Dies wirft weiterhin unweigerlich die Frage auf, inwiefern den „auteronomen" Subjekten noch seine Selbstverantwortung, Autonomie und Mitbestimmung zugesprochen werden kann, wenn es sich in solchen Abhängigkeitsstrukturen von Optimierungsdienstleistern wiederfindet.

9 Technische Entwicklungen im Bereich Coaching und Selbstoptimierung

9.1 Der „Taschen- Coach"

Es ist schwer abzuschätzen wie viele Menschen tatsächlich ein Coaching in Anspruch nehmen für sich. Dies liegt zum einen daran, dass es doch ein sehr spezifischer Bereich ist, der bestimmten Personengruppen eher zugänglich ist als anderen. So ist ein Coaching nicht unbedingt günstig, die Ressource Geld spielt also eine entscheidende Rolle. Auch Menschen die es sich leisten können, müssen hiermit erstmal in Berührung kommen und dies für sinnvoll für sie selbst erachten. Dann muss der „richtige" Coach für den richtigen Bereich gefunden werden, der sich des Problems oder der erstrebten Zielverwirklichung annimmt. Dies sind alles Hürden, die durchaus dazu führen, dass manche Menschen ein Coaching, in dem Sinne einer „Mensch zu Mensch" Beratung, nicht in Anspruch nehmen. Was jedoch nicht bedeutet das der Wunsch nach Selbstverwirklichung und Orientierung, eine Problemlösung oder ein bestimmtes Ziel nicht auch angestrebt werden von der Mehrheit der Menschen, zumindest temporär. Es ist, dem technischen Fortschritt sei Dank, aber auch nicht mehr zwingend erforderlich sich in eine „klassische" Coaching- Beziehung zu begeben, um bestimmte Bereiche des Lebens zu verändern oder zu optimieren. Alle gerade erwähnten Hürden werden fast vollständig, durch die Entwicklung von verschiedensten Selbstoptimierungs- Applikationen für Smartphones, beiseite geräumt. Durch die Entwicklung verschiedensten Optimierungs-, Vermessungs- und Tracking- Apps wird es den modernen Subjekten leichtgemacht, sich immer und überall einer Art Coaching und Selbstoptimierung zu unterziehen. So wird das Smartphone zum immer paraten Coach der praktisch in die Hosentasche passt und je nach Optimierungszweck in den Alltag eingreifen kann, um gewünschte Veränderungen oder Leistungssteigerungen jeglicher Art zu fördern. Dies macht die Applikationen viele attraktiv, denn der „Taschen- Coach" ist jederzeit verfügbar, wenn man einen Ratschlag braucht oder ein Problem hat und berechnet hierfür nicht jedes Mal ein Honorar. Die technischen Optimierungshelfer versprechen Verbesserungen in jeglichen Formen die man sich nur vorstellen kann, ob Gesundheit, Erfolg, Lebensglück oder allgemeines Wohlbefinden.[153]

---

[153] (Vgl. Balandis & Straub, 2018)

Viele Optimierungs- und Coaching- Applikationen sind kostenlos erhältlich und beinhalten dann weiterführende kostenpflichtige Funktionen, die noch mehr leisten oder versprechen als die „Basisversion". Noch nie war es so einfach und mühelos möglich, sich Optimierungsratschläge zu holen oder für jede Frage eine in Programmierungen gefasste Problemlösung zu finden. Natürlich kann hierbei die Intensität und Wirkung gegenüber einen persönlichen Coaching- Prozess angezweifelt werden, jedoch stehen diese Art der mobilen Optimierungsdienstleistungen noch am Anfang ihrer Entwicklung. Auf dem Gebiet des Sportes bzw. der körperlichen Fitness, haben sich hier schon massive Potenziale aufgetan, die eine persönliche Konsultation eines Experten fast gänzlich überfällig machen. Wer braucht noch einen Personal- Coach der mit einem im Fitnessstudio Übungen durchführt, wenn man diese Anleitungen hierzu über sein Smartphone in einem „Tutorial" erhalten kann? Auch hierbei spielt der Kostenfaktor sicherlich eine Rolle, der so viele Menschen dazu bewegt Fitness- Applikationen zu verwenden. Die Einstiegshürde ist minimal und verspricht Leistungen die in Kombination mit anderen technischen Erweiterungen ein „Rundum sorglos Paket" bieten. Jegliche Formen von Hightech-Geräten, wie Armbänder oder ähnliche sensorgesteuerte Technik, ermöglichen in Kombination mit Applikationen für Smartphones, den eigenen Körper und seine Funktionen zu erfassen und zu verarbeiten. Durch geeignete Messverfahren und Beobachtungen, werden „[...] Phänomene identifiziert, isoliert, registriert, gemessen, gespeichert und, häufig in Relation zu anderen Parametern oder den Aufzeichnungen anderer Personen bilanziert."[154] Die Bandbreite potenziell herstellbarer Verknüpfungen sei beinahe grenzenlos im Bereich des Self- Trackings[155], schlussfolgern Balandis und Straub.[156]

Gerade in diesem Bereich ist der ständig wachsame „Taschen- Coach" ein Versprechen auf ein besseres Leben. Das Selbst wird motiviert, überwacht und angeleitet, so steht es auch hierbei in einem teils selbst gewählten Abhängigkeitsverhältnis, „[i]hm werden unter anderem alle möglichen zweckdienlichen Mittel in Gestalt technischer Dinge und Dienste offeriert (und schon auch mal oktroyiert)" stellen Straub und Balandis richtig fest.[157] Das Potenzial der ständigen Verfügbarkeit dieser Optimierungstechniken macht auch gleichzeitig eine der größten Gefahren aus.

---

[154] (Balandis & Straub, 2018, S. 7)
[155] (Vgl. zum Begriff und Methoden des Self- Trackings auch Selke, 2014 & Duttweiler, 2016)
[156] (Balandis & Straub, 2018, S. 8)
[157] (Ebd.)

Es droht ein sich ständig optimierungswilliges Subjekt, welches seine Bestätigung, von Erfolg und die Erfüllung seiner Ziele, innerhalb der von technisierten, programmierten Vorgaben und Anleitungen sucht. Die Grenzen verschwimmen allzu schnell zwischen einen hauptsächlich temporär festgelegten Prozess des Coachings und eines nie enden wollenden Zwangs zur Selbstoptimierung und Leistungssteigerung, aufgrund der ständigen Verfügbarkeit von Techniken und Anleitungen hierzu.

10 Abschließendes Fazit der vorliegenden Arbeit

Es ist ein sehr interessantes, wenn auch zum Teil verworrenes Feld des Coachings offengelegt worden, welches Wiedersprüche und paradoxe Strukturen offenbart hat. Das Selbstverständnis, welches sich aus den Quellen der Coaching- Literatur ergab, zeigte ein Bild dieses handlungsanleitenden Rahmens zur Selbstoptimierung, welches genau die Subjekte fordert und befördert, die er selber zum Bestehen braucht. Die in den modernen „Optimierungskulturen" subjektivierten „auteronomen" Subjekte finden sich im Coaching, zwischen einer Anforderung zu Übernahme von Selbstverantwortung und Autonomie wieder, wenngleich sie dazu aufgefordert sind Methoden und Anleitungen zu folgen, die aus der subjektiv geprägten Perspektive anderer auf sie einwirken. Die Analyse einzelnen Anleitungssequenzen und der Betrachtung der Anleitung zur Anleitung für angehende Coaches, hat deutlich gemacht, dass hierbei die paradoxe Struktur des Selbstverhältnisses von „auteronomen" Subjekten bestärkt und gefordert wird. Wobei die Reflexion der aktiv auf das Subjekt einwirkenden Rolle des Coaches fehlt bzw. gegeben ist, aber dann als notwendig für den Prozess erachtet wird. Der Coach übernimmt als Prozessberater die Führung im Coaching und hat das Subjekt anzuleiten, wenn es sich schon nicht selbst anleiten kann. Die im eigenen Verständnis der Praktiker*innen des Coachings enthaltenen Vorstellungen ihrer Methoden und Handlungsanleitungen, als Hilfe zur Selbsthilfe, können die betrachteten Sequenzen nur bedingt bestätigen. Denn letztendlich wirkt das Subjekt nicht entscheidend auf sein Selbst ein, sondern die ausgewählten und oftmals geführten Methoden des Coaches. Es wäre also treffender zu sagen bei dieser Art von Beratungsprozess handelt es sich vielmehr um eine übernommene, aus dem Selbst abgegebene, Führung und Anleitung zur Bestimmung, Bewältigung oder Zielerreichung. Innerhalb des Gebiets des Coachings, werden Selbstverantwortliche Subjekte gefordert, aber letztendlich doch die eigene Forderung, durch die Charakteristika eines Coaching- Prozesses, untergraben. Auf der anderen Seite birgt das „auteronome" Subjekt in sich den Wiederspruch des Anspruches der totalen Autonomie und Unabhängigkeit von anderen und der Forderung nach Anleitungen und Führungen hin zu bestimmten Zielen, Wünschen und Optimierungszielen. Würden sich die „auteronom" Strukturierten Subjekte streng nach ihrem eigenen Verständnis von Autonomie richten, so wäre ein Coaching- Prozess hiermit nicht immer vereinbar. Dies wissen anscheinend auch die Anbieter solcher Beratungsdienstleistungen und formulieren immer wieder, wie aufgezeigt werden konnte, dass das Subjekt im Mittelpunkt des Prozesses steht und letztendlich jederzeit die Richtung und den Ausgang bzw. Erfolg bestimmt. Was hierbei nicht ganz unproblematisch ist, denn die alleinige Selbstverantwortung für das Ergebnis eines Prozesses den man nur bedingt mitgestalten kann, birgt gewisse Risiken für die Subjekte in sich. Die auf sich selbst bezogene Verantwortung für jeglichen Erfolg und Misserfolg im Leben der Subjekte, kann unter Umständen zu noch mehr Optimierungsbemühungen führen oder letztendlich in einen Erschöpfungszustand oder Depression.[158]

Da sich die „auteronomen" Subjekte jedoch aktiv für ein Coaching entscheiden müssen, um in diese gewisse Art der Abhängigkeitsstruktur überhaupt erst verwickelt zu werden, kann von keinerlei „Opferrolle" oder von damit verbundenen Zwangshandlungen die Rede sein. Dies macht ja gerade die „Optimierungskultur" und die Beschaffenheit der „auteronomen" Subjekte aus, die durch das oktroyierte Mantra „jede(r) ist für sein eigenes Leben verantwortlich" keinerlei Zwang zu verspüren haben. Denn alles ist selbst gewählt, selbst bestimmt, Erfolge werden alleine errungen und Misserfolge selbst verursacht und getragen. In den modernen „Optimierungskulturen" gibt es eine Form von Zwang zur Selbstoptimierung, ob durch sich selbst oder andere, der jedoch kein Zwang ist, solange diese Struktur der verinnerlichten „Auteronomie" besteht, denn diese lässt keinen Zweifel an der eigenen erlebten Unabhängigkeit und Selbstverantwortung der Subjekte zu.

---

[158] (Vgl. Ehrenberg, 2004)

Literaturverzeichnis

Balandis, O., & Straub, J. (Juni 2018). Self- Tracking als technische Selbstvermessung im Zeichen der Optimierung. Vom Nerd zum Normalverbraucher. Einführung in den Themenschwerpunkt. (Nr. 152), S. 5- 16.

Beck, T. (kein Datum). *www.tobias-beck.com*. Abgerufen am 17. Mai 2018 von www.tobias-beck.com/Seminare/MasterclassforYoungstars: https://tobias-beck.com/youngstars/

Bröckling, U. (2007). *Das unternehmerische Selbst.* Frankfurt a.M.: Suhrkamp .

Coaching- Report. (Mai 2016). *www.coaching-report.de*. Abgerufen am 12. Juni 2018 von Coaching- Verbände: https://www.coaching-report.de/coaching-markt/coaching-verbaende.html

Deutscher Bundesverband Coaching e.V. (o.D.). *www.dvbc.de*. Abgerufen am 07. Juni 2018 von Definition Coaching: http://www.dbvc.de/der-verband/ueber-uns/definition-coaching.html

Duttweiler, S. (2016). *Leben nach Zahlen.* Bielefeld: transcript.

Ehrenberg, A. (2004). *Das erschöpfte Selbst.* Frankfurt a.M.: Suhrkamp.

Fischer-Epe, M. (2002). *Coaching: Miteinander Ziele erreichen* (4. Ausg.). Reinbek: Rowohlt Taschenbuch Verlag.

Foucault, M. (1993). Technologien des Selbst. In R. Martin, L. Martin, W. Paden, K. Rothwell, H. Gutman, P. Hutton, & H. G. Luther H. Martin (Hrsg.), *Technologien des Selbst* (S. 24- 63). Frankfurt a.M.: S. Fischer Verlag GmbH.

Foucault, M. (2000). Die Gouvernementalität. In U. Bröckling, S. Krasmann, & T. (. Lemke, *Gouvernementalität der Gegenwart. Studien zur Ökonomisierung des Sozialen* (S. 41- 67). Frankfurt a.M.: Suhrkamp.

Foucault, M. (2004). *Geschichte der Gouvernementalität II. Die Geburt der Biopolitik. Vorlesungen am College de France 1978- 1979.* Frankfurt a.M.: Suhrkamp.

Foucault, M. (2004). *Hermeneutik des Subjekts.* Frankfurt a.M.: Suhrkamp.

Hoyer, D., & Leyendecker, F. (Regisseure). (2015). *Der Coaching Wahn* [Kinofilm].

Illouz, E. (2009). *Die Errettung der modernen Seele.* Frankfurt a.M: Suhrkamp Verlag.

König, E., & Volmer, G. (2009). *Handbuch Systemisches Coaching.* Weinheim und Basel: Beltz Verlag.

Maasen(Hrsg.), S. (2011). *Das beratene Selbst.* Bielefeld: transcript.

Migge, B. (2014). *Handbuch Coaching und Beratung* (3 Ausg.). Weinheim & Basel: Beltz.

Rauen, C. (2003). *Coaching* (3 Ausg.). u.a. Göttingen: Hogrefe Verlag GmbH & Co. KG.

Selke, S. (2014). *Lifelogging. Wie die digitale Selbstvermessung unsere Gesellschaft verändert.* Berlin: Ullstein Buchverlage GmbH.

Straub, J. (11 2013). Selbstoptimierung im Zeichen der "Auteronomie"-Paradoxe Strukturen der normierten Selbststeigerung: von der "therapeutischen Kultur" zur "Optimierungskultur". *Psychotherapie & Sozialwissenschaft,* S. 5- 39.

Tucic, A. (18. April 2010). *Der Coach, dein Freund und Helfer.* Abgerufen am 24. April 2018 von www.zeit.de: https://www.zeit.de/karriere/beruf/2010-04/berufsbild-coach-trainer

Villa, P. I. (23. 04 2007). *www.bpb.de.* Abgerufen am 31. 05 2018 von Der Körper als kulturelle Inszenierung und Statussymbol: http://www.bpb.de/apuz/30508/der-koerper-als-kulturelle-inszenierung-und-statussymbol?p=all

Wagner, G. (2017). *Selbstoptimierung.* Frankfurt a.M.: Campus.

Zimmermann, B. (26. Juni 2012). *www.anwalt.de.* Von Coach- ein Berufsbild ohne gesetzliche Norm?: https://www.anwalt.de/rechtstipps/coach-ein-berufsbild-ohne-gesetzliche-norm_028150.html abgerufen